RAFA

UN ÁNGEL HABITÓ EN MI CASA

Una Historia de Amor

Nivaldo Nassiff, PhD

Orlando, FL
2021

2021
Rafa: un ángel habitó en mi casa
Nivaldo Nassiff, PhD

Publicado por Rafa Legacy
Para más información, contáctese con nuestro Departamento de Ventas
Corporativas +1 (617) 908-5966 – rafalegacy2018@gmail.com

Edición en Español Editor:
Alberto Matos

Traductor:
Keila Rivera

Capa del libro:
Elton Pretel

Diagramación:
Magno Nicolau

Proyecto gráfico:
Studio Peliceli

contact@pelicelistudio.com - Toronto, ON – Canada Historia de
Impresión: 1a. Edición – Abril 2021

UN ÁNGEL
HABITÓ EN
MI CASA

Una Historia de Amor

Nivaldo Nassiff, PhD
Orlando, FL
2021

DEDICATORIA

Agradezco a mi suegra, la Sra. Aparecida, y a mi cuñada, María do Carmo, por no haber medido esfuerzos para permanecer a nuestro lado desde los primeros días de nuestro Rafael hasta el último. Abrazadas a nosotros, fueron los instrumentos del abrazo divino en nuestras vidas.

Agradecimientos

Mi agradecimiento para Sofía Pupo, "la anotada" (1)

Rafael eligió adoptar a nuestra gran amiga Sofía Pupo como miembro de nuestra familia. Como Rafa solía decir, Sofía era la "ANOTADA" (1) y siempre que hacíamos algo con la familia, Rafa nos recordaba incluir a "la anotada". Él decía: "Palinho(2), no te olvides de" Sofo", ¿eh? Recuerda que pertenece a la familia, ¡está anotada! " ¿Y por qué? Porque Sofía lo amaba con un amor abrumador, extravagante y constante. Gracias, Sofía, nuestra "anotada" de la familia.
¡Muchas gracias!

1 anotada - término usado por Rafael para decir adoptada.
2 Palinho - término usado por Rafael para referirse a Papi.

EN AQUELLA MESA
Nelson Gonçalves

"En aquella mesa
Él siempre se sentaba
Y siempre me decía lo que significa vivir mejor
En esa mesa me contó historias
Que hoy las guardo en mi mente
y las conozco de memoria
En esa mesa reunió gente
Y felizmente contaba lo que había hecho en la mañana.
Y en los ojos tenía tanto brillo
Que más que su hijo
Me convertí en su admirador
No sabía que dolía tanto
Una mesa en una esquina, una casa y un jardín.
Si hubiera sabido cuánto duele la vida
Este dolor tan doloroso no dolería tanto
Ahora queda una mesa en la sala
Y hoy ya nadie habla de su mandolina
En aquella mesa falta él
En aquella mesa falta él
Y su ausencia me duele
Y su ausencia me duele"

GUSTABA TANTO DE TÍ
Tim Maia

"No sé por qué te fuiste
Cuánto te extrañé
Y de tristezas viviré
Y de ese adiós que no pude dar
Marcaste mi vida
Viviste y moriste en mi historia
El futuro me asusta
Y la soledad que llama a mi puerta
Y yo te amé tanto te amé tanto
Yo corro, me escapo de esta sombra
En mis sueños veo este pasado
Y en la pared de mi cuarto
Todavía está tu retrato
No quiero verlo para no recordarte
Hasta pensé en mudarme
A cualquier otro lugar donde no exista
El pensamiento sobre ti
Y yo
Te amé tanto
Te amé tanto"

Epígrafe

No se olviden de practicar la hospitalidad; pues gracias a ella algunos, sin saberlo, hospedaron ángeles. - Hebreos 13: 2

Por la fe Abel ofreció a Dios un sacrificio más aceptable que el de Caín, por lo cual recibió testimonio de ser justo, pues Dios aceptó su ofrenda. Y por la fe Abel, a pesar de estar muerto, habla todavía - Hebreos 11: 4

Autor de la epístola a los Hebreos

Resumen

PRÓLOGO

"El amor sea sin hipocresía".
Romanos 12: 9

Me siento obligado, después de leer y releer este libro varias veces, a recomendarlo. Me vi inserto como personaje en cada una de las narrativas observando todo y aprendiendo. ¡Cuánto he aprendido!

En estas páginas, los invito a conocer a uno de los más extraordinarios adoradores y siervos del Dios vivo para quien no hubo imposibles y el impacto que esto produjo, produce y producirá en innumerables personas.

Es una historia sobre la profundidad del amor mutuo, sin hipocresías, y de cómo entender la relación de complicidad entre padres e hijos que se aman sin fronteras. Somos llevados a reflexionar seriamente sobre cómo medir la disponibilidad y la entrega de los padres en beneficio de sus hijos. Cómo crucificar el egoísmo y practicar el altruismo en su más dulce y profunda esencia. Cómo lidiar con la discrepancia entre lo idealizado y la realidad. Una narrativa extraordinaria y entretenida sobre la complicidad del amor en la producción de un fruto llamativo y permanente. Reflexionaremos sobre la vida y sus sorpresas, sobre las relaciones en el hogar, con la Iglesia y, sobre todo, con el Padre Eterno.

Veremos la evolución de la acción de la familia Nassiff en la búsqueda de la mejor manera de enseñar y cuidar a su "ángel de la familia", y se sorprendidos día a día con enseñanzas muy sencillas y objetivas de alguien tan especial.

Muchos prejuicios e incluso prejuicios "indiscutibles" serán puestos a prueba, ¡y qué prueba! Las debilidades humanas se exponen sin ningún tipo de vergüenza al exponerlas al Dios todopoderoso que lo sabe todo, lo ve todo y lo puede todo.

Veremos que las limitaciones impuestas muchas veces por esta sociedad enferma en que vivimos se deshacen ante el privilegio de tener y reconocer la visita especial de Dios en nuestra familia.

De vivencias a vivencias, de emociones a emociones, hijo y padre, toda la familia, nos enseñan a vivir sin máscaras en la más profunda autenticidad. Nos enseñan a no tener barreras para demostrar lo que somos independientemente de la debilidad humana, las preguntas, los cuestionamientos y las dudas. Nos enseñan a estar dispuestos a ser moldeados por el gran Alfarero, el Señor Dios Todopoderoso.

Veo en Nassiff, además de gran amigo y hermano en la fe, un ejemplo de profundo compromiso con el Señor de la vida: Jesús, en su cautivadora sencillez, alegría contagiosa, profundo entusiasmo por la vida y por las personas. Es uno de los que siempre quieres a tu lado.

Verá en las páginas de esta cautivadora narrativa lo precioso que es darse cuenta de cuánto dependemos del Señor de la vida, sus misericordias, sus enseñanzas y acciones que trascienden nuestro entendimiento.

Con gran autenticidad nos colocamos frente al espejo para preguntarnos qué somos realmente, qué entendemos y cómo nos comportamos en las circunstancias que se presentan.

He aquí un auténtico manual de la acción misteriosa de Dios en y a través de un ser tan especial: Rafael. Feliz lectura y aprendizaje.

Odilar Francisco Bombardieri

PREFACIO

Confieso que escribir este prefacio fue una de las tareas más difíciles para mí. Ya lo he reescrito varias veces en mi mente. Esto se debe a que el libro trata sobre la historia de una familia que he llegado a amar y admirar a lo largo de los años.

Conozco a Nassiff desde mi seminario, fue en el año 1977 y, más que esto, tuve el privilegio de vivir con su familia durante muchos años mientras ejercía el ministerio pastoral junto a mí en la Primera Iglesia Bautista de Curitiba.

He seguido de cerca muchos de los hechos narrados y muchos otros, que aunque no estuve presente, por sus compromisos primero en Canadá luego en Estados Unidos, seguí acompañándolos, aunque fuera de lejos.

Quizás, la marca que distingue a esta familia se pueda calificar de amor incondicional. Algo que se aprende desinteresadamente y, muchas veces, entre lágrimas.

En el libro queda claro que nunca han sido una familia perfecta ya que, por supuesto, no existe tal cosa bajo el sol, sin embargo, son una familia que intenta aprender, en medio de luchas y sufrimientos, a amarse unos a otros y a las personas a las que ministran incondicionalmente.

Aunque el libro fue escrito como un recordatorio de la bendita presencia de Rafael entre ellos, es imposible pasar por alto a lo largo de las páginas cómo cada miembro de esta familia ha desarrollado de manera única este amor incondicional. Nivaldo, Lucía, Camila, Rafael y Bruna, cada uno de ellos de una manera única y especial son el objeto y al mismo tiempo son la fuente de este amor en las formas más intensas y variadas.

El libro te desafía a aprender a encontrar la felicidad en medio de las pruebas de la vida. La alegría, que es la marca predominante de esta familia, sin embargo, no es una alegría estoica o desconectada de la realidad como escape. ¡No! Es una alegría elaborada que no niega las luchas y mucho menos se degrada. Es la alegría que busca respuestas que no siempre se encuentran en esta dimensión, sin embargo, a pesar de ello, para no perder la propia integridad, vuelve al trono de la gracia para buscarla. Lo que he notado es que la respuesta del trono es un amor incondicional que pasa a ser experimentado y de alguna manera compartido entre ellos y partiendo de ellos con nosotros.

En este sentido, Rafael ciertamente era un ángel en esta

casa pero, en mi opinión, la casa de la familia Nassiff está habitada por ángeles, personas que han aprendido a amar y vivir en el amor para la gloria de Dios.

Lo repito: ¡no son perfectos! Son humanos, experimentan altibajos incluso en la fe y, a pesar de ello, al final revelan un amor incondicional.

Estoy seguro de que leer este libro te hará reír, llorar pero, sobre todo, te desafiara a amar.

Pr. Paschoal Piragine Junior

INTRODUCCIÓN

Este es un intento de contar la historia de vida de uno de los seres humanos más impresionantes que he conocido. Una persona llena de amor, pasión, involucración con los demás, con la vida, con la música y la buena comida. El único ser humano que he conocido que era incapaz de hacerle mal a nadie. Rafael fue la verdadera expresión del ser humano en este mundo. La humanidad tuvo de él un ejemplo de lo que es el ser humano.

Creo que las Sagradas Escrituras cuando se refieren a la santidad se refieren al deseo de volver a ser humano. Ser humano es "ser" lo que nos hace ver la historia de la primera pareja antes de pecar: personas que vivieron el uno para el otro y para "las cosas de arriba".

Esta parece ser la tarea del Cristo encarnado cuando en las Escrituras se le llama "segundo Adán". Ser un "ser espiritual" en esta tierra significa ser un "ser absolutamente humano". ¿No es cierto que el sentimiento de humanidad se está desvaneciendo en nosotros (y de los) los seres humanos? ¿En qué nos estamos convirtiendo?

Rafael fue la prueba viviente de que "ser humano" es posible.

Si puedo, pasaré los próximos días tratando de recordar al "ser humano" más espectacular con el que he vivido. Al ser más hermoso que nuestro hogar, nuestra iglesia y nuestra comunidad ha tenido el privilegio de ver, escuchar y amar. ¡¡¡Todos hemos sido objeto de su amor incondicional, ilimitado, indiscriminado, extravagante e "incomparable" (hasta el momento en que la muerte lo interrumpió)!!!

En las primeras partes de esta historia, me permití exponer mi corazón, mis entrañas, mi mente al experimentar el dolor de la pérdida. Del 21 de abril al 2 de mayo de 2017 viví los peores días de mi vida. Mi corazón fue cruelmente destrozado. Mi alma estaba confundida, golpeada con tanta violencia producto de un dolor inimaginable (que hoy parece eterno). Mi mente estaba (y todavía está) embriagada por el golpe, ya que fue sometida a una "dosis doble" de una bebida que sabe a hiel. Mi cuerpo se tambaleó (y todavía se tambalea por el mareo) aturdido, confuso, a la deriva. En aquellos días, todo lo que me rodeaba estaba en cámara lenta, desenfocado. Mis sentimientos se borraron porque no oía, no veía, no comía, no olía, a nada ni a nadie. No entendía por qué estaba vivo, o aun si lo que tengo ahora es vida.

Desde el capítulo 5 en adelante, revelaré mis conversaciones con el Señor nuestro Dios mientras agonizaba ante Él pidiendo su intervención sanadora que nunca llegó.

Mientras estaba en el hospital me vi en esa barca de los discípulos de Jesús en medio de la tormenta, casi naufragando, y Jesús durmiendo plácidamente. Jesús parecía indiferente al peligro. Los discípulos gritaron y Jesús se despertó convirtiendo la tormenta en calma. ¡Cómo clamé para que Jesús despertara en el barco de la vida de mi hijo! Grité, clamé, lloré, supliqué. ¡No ayudó! Jesús dejó que el barco consumido por la tormenta naufragara con mi hijo. La soberanía del Señor le hace decidir a quién liberar, a quién salvar, a quién curar. Me emociono por las sanidades y milagros del Señor. Sin embargo, desde entonces siempre pienso: "¡Vaya, Él sabe hacer milagros! ¿Por qué no lo hizo por mi hijo? ¿Por qué? ¿Me lo dirás algún día, Señor?

El propósito de escribir este libro no es brindar consuelo a quienes han perdido a un hijo (si esto sucede, estaré feliz y agradecido a Dios), sino sólo mostrar que cada persona reacciona de manera diferente a su dolor. Cada historia de vida es sagrada. Es única.

Cuando leí "Diario de un dolor - C. S. Lewis", también me sentí animado a exponer mi dolor. Sin ningún tipo de máscaras, en mi búsqueda de un milagro que nunca llegó (no de la manera que yo quería). Estaba agonizando delante del Padre. Todavía tengo momentos depresivos, llenos de ira y odio, mezclados con esperanza.

Como dijo el Rey David en cierto momento (2 Samuel 12:33), ante la noticia de la muerte de su hijo, yo también sé (inconforme) que mi hijo nunca volverá a mí. Sin embargo, un día iré a él. En cualquier caso, deseo que los consejeros (laicos o profesionales) tengan en esta historia una ayuda para entender que el dolor de una persona es incomprensible para quien no lo vive. Que cada persona tiene derecho a expresar su dolor con todos los sentimientos que este dolor desencadena. Espero que al menos puedan tener un poco de paciencia con los que sufren sin poner a nadie en un parámetro de "cómo debe ser".

He evitado y evito palabras y frases como: "Superar el dolor", "Regenerarme del dolor", "Cómo curarme del dolor". Cuando encuentro tales expresiones, las rechazo inmediatamente. Mi dolor es solo mío, no tiene paralelo. Como así es el dolor de todo el que sufre.

Para mí, aún hoy, nunca ha habido un dolor más grande, más agudo y que desencadene tanta confusión de sentimientos como el dolor de haberme quedado "SIN UN HIJO", porque este dolor es como si fuera el hijo arrancado de uno.

1. LA VIDA DE RAFAEL, EL ÁNGEL VESTIDO DE NIÑO

EL COMIENZO DEL CAMINO

El 20 de septiembre de 1985 nació nuestro segundo hijo, Rafael. Ya teníamos a la primogénita, Camila, luego el Señor nos bendijo con otra hija, la menor, Bruna.

Rafael nació un viernes por la noche. A la mañana siguiente, Lucía (mi esposa) nos llamó (desde el hospital) a las 7:00. Camila y yo todavía estábamos dormidos. Lucia dice: "Amor, algo anda mal con el niño. Tiene problemas para amamantar y está muy morado ". A lo que respondí: "Amor, así mismo es" No entendía nada de nada, ¿verdad? Fue solo una respuesta de un esposo que no sabía qué decir. Entonces, rectifiqué: "¿Aún no ha venido a verte el pediatra? Pregúntale." Dos horas después Lucia vuelve a llamar: "Amor, ven aquí", y comenzó a llorar. "¡Ven rápido! La doctora dice que nuestro hijo es mongoloide.", una expresión utilizada hace 30 o 40 años pero que hoy es fuertemente rechazada.

El pediatra fue a la habitación de Lucia que era compartida con otra paciente, pero no habló con Lucia, sino sólo con la otra mujer. Cuando estaba a punto de irse, Lucia le preguntó por nuestro bebé. El pediatra simplemente respondió: "Ah, su hijo es mongoloide. Pídale a su esposo que hable conmigo ". Y salió de la habitación sin dar ninguna explicación. ¡Imagine el impacto!

Envolví a Camila (de 4 años) en una manta y caminé 1 km hasta la casa de mi cuñado para pedirle el carro prestado. Cuando le di la noticia de la misma forma que lo hizo el médico, la hermana de Lucia empezó a gritar por la casa.
Cuando llegué al hospital, encontré a Lucia llorando. Nuestros corazones, almas y mentes se llenaron de dudas, miedos y confusión. Después de todo, ¿qué (o quién) es un mongoloide? ¿Una cosa? ¿Una cosa gelatinosa? ¿Un ser no humano?

¿Hablará? ¿Se podrá comunicar? ¿Caminará? ¿Sobrevivirá? ¿Qué era todo esto?

En aquellos días no había internet. Fuimos a las bibliotecas en un intento de encontrar algo que pudiera explicar lo que nos estaba pasando.

Finalmente, después de un mes de angustia y miedo, nos llevaron a la APAE (Associação de Pais e Amigos dos Excepcionais - Asociación de Padres y Amigos de Personas Especiales) en São Paulo. Una vez allí, nos volvimos a impactar por la espantosa realidad: distintos síndromes, distintos tipos de retrasos y limitaciones del ser humano. Cientos de familias con dolor, confusión y desesperación, exactamente como Lucia y yo nos sentíamos. Sin embargo,

28

fue allí mismo, en la APAE de São Paulo, donde fuimos acogidos, cuidados y tratados ¡Cuánto le debemos!

VIVIENDO NUESTRO PRIMER DUELO

Cuando Lucía quedó embarazada, esperábamos un niño "ideal", idealizado, soñado. Soñamos con un niño. Esperaba llevarlo a las canchas de fútbol, verlo crecer, graduarse, casarse y darme nietos. Sin embargo, cuando nació Rafael, nos informaron que era mongoloide. Entonces, tuvimos que "enterrar" al niño idealizado y traer a casa al niño realizado. Había que enterrar al ideal y vivir el duelo. Duró 3 años. El real había que traerlo a casa, amarlo y cuidarlo sin saber nada sobre sus posibilidades, sus habilidades, su futuro. ¡Nada! Todo estaba tan "oscuro" frente a nosotros.

En un instante, sin embargo, vimos que con el nacimiento de un Rafael especial nació un amor especial. Tan grande e infinito como el amor que tenemos por nuestras hijas. Fue un amor diferente y especial. Un amor inmenso, una pasión abrumadora, tal sentimiento de protección y ternura nació en nosotros el 20 de septiembre de 1985.

Fue el comienzo de un período oscuro sobre el futuro. Llorábamos, no por rechazo o inconformidad (no nos conformamos con la "muerte" del hijo idealizado) sino que lloramos porque no teníamos información (como la tenemos hoy en internet) sobre qué era o qué tenía nuestro hijo.

Temíamos que sufriera. ¿Qué hacer? ¿Cómo criarlo? ¿Cómo educarlo? ¿Cómo protegerlo? Todo era oscuro y aterrador en esos días sin la información que está tan fácilmente disponible hoy. Con el paso de los meses y los años, percibimos cómo nuestro Dios nos había guiado por caminos de alegría y grandes satisfacciones. Entendimos cómo Dios nos había bendecido y elegido para ser los padres del ángel Rafael.

LA ELECCIÓN DEL NOMBRE: RAFAEL

Lucia eligió el nombre de nuestro hijo. De la nada dijo: "Me gusta Rafael". Entonces, corrí a la oficina de registro y dije el nombre con el que habríamos de llamar a nuestro hijo, nuestro ángel vestido de niño: RAFAEL.

Rafael es un nombre bíblico. RAFA - EL. Rafa: curado o usado para curar. El: Dios, el que Dios cura o el que Dios usa para curar. El Rafael de la Biblia era el portero del templo. Sabiendo esta información, le pregunté a mi esposa qué hubiera preferido: ¿que Dios sanara a nuestro Rafael o que lo usara como "portero del templo"? Mi esposa, con Rafinha en brazos, con la mirada hacia él y llorando respondió: "Quiero a nuestro hijo como Dios lo creó y nos lo dio. Lo elijo para que sea el "portero del templo". Dios honró esa elección de Lúcia.

Decenas de personas fueron salvas por Jesús a través de Rafael por su simpatía, su amor y ternura hacia todos.

A Rafa (como lo llamábamos tiernamente) le encantaban los restaurantes y a mi también. Cuando estábamos en el restaurante, siempre le preguntaba al camarero: "¿Cómo te llamas?" Al escuchar la respuesta, decía: "¡Encantado! ¡Mi nombre es Rafael! ¡Me gustaría decirte que Jesús te ama!

" Y agregaba: "Este aquí es mi papá, es pastor". Se volvía hacia mí y decía: "¡Palinho!" - ¡Era un verdadero "portero"! Hacía pasar a las personas "hacia adentro", y me transfería la responsabilidad de evangelizarlas. Dado este maravilloso comportamiento santo, incluso hoy, cuando vamos a un restaurante, escribimos en la factura (con una buena propina): "Jesus loves you" - ¡Jesús te ama!

LOS PRIMEROS DESAFÍOS

Rafa necesita sonreír. ¡Sí, sonreír! Si sonreía, sería un indicador de que el síndrome era de un grado más leve. Hay grados: leve, moderado, grave y severo. Hicimos todo tipo de payasadas que pudimos frente a ese niño hasta que un día sonrió (o pensamos que lo había hecho). Saltamos y lloramos de alegría y gratitud.

Los niños con Síndrome de Down nacen con hipotonía generalizada. Una disminución del tono muscular generalizada. Por eso, desde pequeños, necesitan fisioterapia todos los días. Horas y horas de estimulación para mantener el equilibrio de la cabeza, usar las manos y los dedos y aprender a caminar. Lucía se quedaba arrodillada detrás de él sujetándolo por la cintura, empujándolo y obligándolo a caminar, como se hace con las muñecas en los juegos infantiles. Al menos 2 horas por la mañana y 2 horas por la tarde. Todos los días, durante casi dos años.

Todo lo que él aprendió, se le enseñó. Nada lo aprendió naturalmente. Sonreir, decir adiós, sentarse, caminar, pedir permiso, decir por favor, dar gracias, ser amable, no tomar lo ajeno, orar y creer en Dios, todo lo aprendió a través del ejemplo. Fue un discipulado intenso. Si yo quería una servilleta, no podía decir: "¡Lu, tírame una servilleta!" ¿Y si Lucia lo hacía? Rafa tiraría cualquier cosa que le pidieran. Un cuchillo, por ejemplo. Entonces, tenías que estar alerta todo el tiempo y preguntar así: "Lucía, amor, ¿podrías pasarme la servilleta por favor?" Y Lucía respondía: "¡Por supuesto, mi amor! ¡Aquí está! Te amo." Así él aprendía. Yo le podía decir: "Rafa, cariño, ¿podrías pasarme el cuchillo por favor?" Él respondía: "¡Por supuesto, Palinho! ¡Aquí está! ¡Te amo!" Era un aprendizaje a través de la imitación de un modelo. Fue doloroso, difícil. Era la única manera. Después de todo, todo niño ve, hace y repite.

El ambiente de un hogar se perpetúa en los niños hasta la quinta generación. ¡Sería algo en lo que pensar de nuestro Brasil! ¿Somos un producto o un subproducto de las últimas cinco generaciones? No podemos cambiar nuestro pasado pero, por supuesto, podemos cambiar nuestro futuro si solo cambiamos nuestro ejemplo en casa. Simplemente cazar a los corruptos no resolverá nada, si nuestra corrupción no cesa en nuestro hogar donde nuestros hijos aprenden nuestros "valores" (los cuáles valen poco o casi nada, quizás menos que nada).

La primera vez que Rafa fue empleado como "portero del templo", fue justamente en la APAE. Cuando fuimos entrevistados por la trabajadora social nos hicieron la siguiente pregunta entre otras cosas: "¿Profesión?" Le respondí: "Soy un pastor bautista" Luego vino la otra pregunta: "¿Y cómo interpreta tu religión lo que pasó en tu familia con la llegada de tu hijo?" Dije: "Rafael es una bendición en nuestras vidas. Es el resultado de la construcción divina". La trabajadora social estuvo a punto de sufrir un infarto. Luego, dijo: "La cosa es que tenemos una pareja evangélica que nos dice que su hija con el mismo síndrome que tu hijo es blanco de un ataque satánico. Oran para que Dios la "libere" para que ya no tengan que llevarla a la APAE". Nos pusimos a disposición de esa pareja con mucho amor (gracias a Rafa) y pudimos ayudarlos a entender la situación bíblicamente. De esta manera, aceptaron a su bebé como un regalo especial de Dios y la cuidaron mucho. Fue la primera acción del ángel Rafael.

LOS PRIMEROS AÑOS

De los 4 a 12, o 13 años, Rafa era casi indomable. Se escapaba de la casa. No tenía noción de peligro. Había que cerrar las ventanas y puertas, encadenarlas y esconder las llaves. Nada quedaba organizado. Él tiraba las sillas, mesas, muebles, televisores, etc. Arrojaba objetos por las ventanas. Todo terminaba en el suelo. En un instante, cruzaba la calle corriendo. Podíamos escuchar los frenos de los autos, las bocinas y los autos que lo esquivaban. Un día, mientras vivíamos en Uruguay, Rafa se escapó de nuestra casa y cruzó una calle donde se disputaba la carrera ciclista sudamericana. El desastre de las bicicletas chocando, la gente cayéndose por todos lados, dio pavor.

¿Y Rafa? Estaba al otro lado de la calle "encantado" por todo esto y divirtiéndose. Fue muy vergonzoso. Cuando llegamos a la casa de alguien, veíamos que habían hecho cambios estratégicos en el mobiliario, es decir, no había cuadros, adornos, jarrones con flores. ¡Cualquier cosa! Todo había sido retirado por precaución de Rafa.

Fue terrible darse cuenta de que Rafa nunca fue aceptado en las escuelas regulares. Alegaron que los padres de niños "normales" temían que sus hijos imitaran el comportamiento de Rafa. También dijeron que no era "lindo a los ojos".

Sus hijos podían encontrarlo "extraño", podían tener problemas emocionales, etc. Sus hijos necesitaban ser preservados de las "aberraciones humanas". Lo peor de todo fue cuando se le negó la estadía en escuelas para niños especiales. Con cada rechazo que sufría, nosotros también nos sentimos rechazados. ¿Será que algún día el mundo cambiaría con respecto a ellos? ¿Será que serían más amados, comprendidos y aceptados? Eran preguntas dolorosas que nos mantenían angustiados e impacientes. Los caminos eran oscuros y tuvimos que buscar a tientas dónde poner los pies. ¿Serían aceptados algún día? ¿Al menos tolerados y no discriminados?

2. LECCIONES DEL ÁNGEL

Durante toda su vida, Rafael fue un ángel de Dios que nos enseñó lecciones muy importantes. Sin embargo, las lecciones que nos humillaron en ocasiones y nos alegraron en otras, nos hicieron cada vez mejores como seres humanos. A continuación, mencionaré las lecciones preciosas que íbamos aprendiendo día tras día con ese ángel que vivía en casa.

LOS AJUSTES EN LA RELACIÓN CONYUGAL

Damos gracias a Dios porque Lucia y yo tenemos una fe que nos enseña que nuestro Dios tenía el control total de esta situación. Aunque andamos a tientas por los caminos que nos impuso ese andar y aun siendo muy jóvenes y sin la enorme cantidad de información disponible en Internet hoy sobre el Síndrome de Down, nos dimos cuenta de que la gracia del Señor nos sostenía.

Sin embargo, se necesitaron e implementaron ajustes. Nos dimos cuenta de que ser nuevos padres de un niño especial, casi en total ignorancia de los hechos, nos trajo una fragilidad emocional importante. Por la gracia de Dios, todo esto nos unió aún más. Rápidamente, nos dimos cuenta de que las tormentas de la vida, sin importar de dónde vinieran o cómo se originaron, podían unirnos cada vez más o separarnos hasta el punto de destruir nuestro matrimonio. Aprendimos que todas las tormentas de la vida, todas las pruebas agudas de la existencia, todas las experiencias a ser vividas sin nuestro consentimiento, traerían cambios radicales y para toda la vida. Que los cambios fueran para bien o para mal dependía solo de nosotros. Voy más allá: dependería de cada uno. Entre dos personas, usted sólo puede cambiar a una: a ti mismo. Yo por mi parte, y Lucia por ella, decidimos unirnos más, amarnos más, prestar más atención a las necesidades (especialmente emocionales) de cada uno.

Desde entonces le transmitimos a Rafa la lección de que: las intemperies de la vida siempre nos acercarán más y producirán un grado de complicidad mayor. Producirán más pasión, amor y unidad. No, no fue un camino fácil. Fue doloroso y complicado. Fue, y sigue siendo, un proceso de aprendizaje.

Rafa nos enseñó que el camino de la excelencia era, y siempre será, el del amor. A lo largo de nuestra vida hemos aprendido que el perdón tiene que ser generoso y mayor, es decir, perdonar más, o sea más veces de las que te han herido.

Aprendimos que había que renovar las pasiones a partir de una acción premeditada para escapar de la rutina, reinventar los placeres, innovar en las relaciones, los afectos y las caricias. Nuestro ángel nunca dejó de enseñarnos algo a lo largo de nuestra vida.

LAS HIJAS EN SEGUNDO PLANO

Rafael nos agotó tanto en sus primeros años que casi no pudimos prestar la debida atención a las otras hijas. Esta "ausencia" tuvo un impacto tremendo en nuestra hija menor. Nuestras hijas han sido (son y siempre serán) amadas con un amor infinito exclusivamente de ellas y sólo para ellas.

En esos años tempestuosos debido a la situación especial de Rafael, nuestra hija menor se sintió rechazada. Desde los 3 años tuvo la absoluta certeza de que sería abandonada en cualquier rincón de la ciudad. Para ella, era real la idea de no ser amada por nosotros y de que estábamos planeando dejarla sola en un lugar remoto para que nunca más pudiera volver a casa.

Sufrió en silencio. No se quejó. No lloraba. Parecía un angelito y lo era. Ella estaba herida. Profundamente herida por nuestra distracción y agotamiento emocional.

Un día comenzó a perder cabello, pestañas y cejas. En resumen, su cuerpo logró hacer un truco obligando que todos la notaran.

Cuando un niño no se siente amado, intenta sustituir el amor que se le niega por solicitudes de atención. Ella tuvo éxito. Todos preguntaban no sólo: "¿Cómo está Rafael?" Pero, agregaban: "Vaya, ¿qué le pasó a Bruninha?"

Oramos y lloramos mucho. Teníamos un sentimiento de culpa, de incapacidad para la paternidad, nos culpamos todos los días por haber "abandonado" a nuestra pequeña. Con mucho tratamento (espiritual y psicológico) logramos vencer esos años. Bruna pudo recuperar su cabello, sus pestañas y sus cejas.

La dura lección que aprendimos fue: hay otros miembros en la familia de un ser especial. Nadie puede quedarse atrás.

Todos los miembros de la familia deben recibir cuidado, protección, atención, cariño, valor, amor y tiempo de calidad por igual. Esta tarea es muy difícil, pero debe realizarse.

DE MARICÓN A SUPER MACHO

Vivimos en Uruguay de 1989 a 1991 gracias a un curso de entrenamiento misionero. Fuimos para tener una experiencia de entrenamiento transcultural y para establecer una iglesia. Tuvimos la felicidad de vivir con gente maravillosa y buena. Un país vigoroso. Vivíamos con un grupo de brasileños que se estaban entrenando con nosotros.

Todas las tardes salíamos a las calles para reunirnos con la gente, aprender el idioma y servir a esa gente preciosa.

En ese momento, cuando llegamos allí, nuestra hija Camila tenía 7 años, Rafael 3 y Bruna apenas unos meses.

No teníamos teléfono en casa (no existían los teléfonos celulares) ni computadoras. Todas las mañanas salía a

caminar con Rafael sentado y atado en la carriola para hacer las compras en la tienda, ir a la oficina de correos, etc.

Como Rafa era súper hiperactivo, tiraba cosas en las tiendas y huía por las calles, lo amarraba en el cochecito y salía a caminar con él. Corría por las aceras y él se reía mucho. Cómo le gustaban esas mañanas. Noté que los hombres, los gauchos (hombres con botas y bombachas), con enormes cuchillos colgando de sus cinturones de cuero, bebiendo mate, que se paraban frente a las clavijas y barras nos miraban y hablaban entre ellos. Día tras día Rafael era el blanco de las miradas de esos hombres. Decidí hablar con un amigo uruguayo que me preguntó: "Cuando empujas la carriola de Rafael, ¿tu esposa está contigo?" Yo respondí: "No".

Asombrado y conmocionado, dijo: "¡No vuelvas a hacer eso nunca más!" Yo digo: "¿Por qué?" No quiso contestar. De tanto que insistí me dijo: "Es que aquí, en Uruguay, sólo los" MARICONES "(expresión popular que se usa para describir a un homosexual) empujan carritos sin la esposa al lado. En ese momento, en una cultura extremadamente masculina donde a los hombres les encantaba mostrar su masculinidad y virilidad, yo estaba en boca de todos como el misionero brasileño MARICÓN. En otras palabras, además de una "mala reputación" (para aquella cultura de esos tiempos), nunca aceptarían el mensaje del Evangelio. Asociaban mis palabras con mi "forma" de ser y de vivir. Le pregunté a mi amigo: "¿Cómo debo comportarme? Necesito ayudar a mi esposa todos los días. " A lo que él respondió: "Lleva a Rafa en tus brazos o en tus hombros". Yo dije: "¿Hablas en serio? ¿Hablas en serio?" Mi amigo lo confirmó.

En los días siguientes lo llevé sobre mis hombros a todas partes. Cuando estábamos solos en la calle, noté que los "supermachos" del interior de la pampa uruguaya me seguían con la mirada y cuchicheaban. Busqué a mi amigo y le conté lo que pasó, a lo que me dijo: "No te preocupes, todo está bien ahora".

Después de un mes o dos, una señora que se identificó como la directora de la escuela para niños especiales de la ciudad de Florida, Uruguay, tocó nuestra puerta. La invitamos a pasar y nos preguntó: "¿Por qué lleva a su hijo en hombros mientras camina por la ciudad casi todos los días?" Respondí con otra pregunta: "¿Estoy haciendo algo mal de esta manera?" Ella respondió: "Estás en boca de todos. Los gauchos no dejan de hablar de ti". Y agregó: "En nuestra cultura (gaucha-uruguaya), la masculinidad es un valor sumamente 'alabado'. Ocurre que cuando uno de estos agricultores se convierte en padre de un niño con una discapacidad física o mental, se cuestiona su masculinidad. Él engendró una "criatura defectuosa". Este hecho (en esta cultura) acusa al padre de ser un hombre "defectuoso" (no tan macho como debería ser). Por eso, cuando se convierten en padres de un niño con necesidades especiales, lo esconden dentro de la casa. No lo llevan a la escuela especial e incluso impiden que el autobús escolar se detenga frente a su casa. Si un amigo le pregunta por su hijo, corre el riesgo de que lo atraviesen con un cuchillo. El padre del niño podría interpretar la pregunta cómo una duda sobre su masculinidad. Por tanto, no le podemos dar una mejor calidad de vida a estos niños. Pero, usted lleva a su hijo (su "bebé", como lo llaman) sobre sus hombros casi todos los días. A causa de esto, ellos dicen que usted es un "supermacho". Un hombre que no se avergüenza de su hijo o que no tiene miedo de poner en juego o en duda su masculinidad. Entonces, estoy aquí para preguntarles: "¿Podrían ayudarnos? Acudir a los hogares de familias que tienen hijos con necesidades especiales, hablar con ellos para que accedan a llevarlos a escuelas especiales para que podamos ayudarlos".

¿No es impresionante que con un simple gesto usted puede ser llamado de "maricón"? Al preguntarle a un nativo qué sucede, usted recibe información cultural y puede cambiar un concepto y una imagen en un pueblo pequeño (Florida entonces tenía 25,000 habitantes). De maricón a supermacho más la solicitud de ayuda para transformar el futuro de sus hijos y sus hogares.

Fue el ángel Rafael dándonos otras lecciones de vida.

CADA UNO CUIDA DE SU TRASERO

Un día pasaba frente al baño, y viendo la puerta abierta, vi a Rafael sentado en el inodoro. Le pregunté: "Rafito (como yo lo llamaba) ¿quieres una mano para limpiarte el trasero?" A lo que respondió: "¡Palinho, cada uno cuida de su trasero!" Era nuestro ángel enseñándonos a no entrometernos en los asuntos de otras personas y que cada uno tiene que responder por sí mismo. Él siempre trató de ser independiente. Nunca se involucró en los asuntos de los demás.

Tenía mucho amor y una intensa pasión por las personas, la vida, los amigos, las fiestas y su célula (grupo de la iglesia en el que se reunía).

Aunque era absolutamente obediente, nunca invadió la vida de nadie. Pedía permiso para hablar levantando su dedo índice. Sabía quedarse en su "rincón" donde él "reinaba" y no permitía que nadie lo invadiera. Nunca violó el espacio de nadie.

¡¡¡Cuántas veces vemos a gente entrometerse en los asuntos de los demás!!! Rafa nos enseñó que es suficiente con cuidar de uno mismo. ¿Por qué fisgonear o entrometerse donde no fueron invitados a hacerlo?

A Rafa le gustaba vivir a su manera. Nunca tuvo estereotipos hacia nadie.

Cuando íbamos a comprar a Walmart, siempre nos encontrábamos con "los feligreses de Walmart": esas personas que se visten de una manera que sólo se ve en Walmart. Solo ahí los encuentras. Gente en pijama, gente (adultos) disfrazada, gente exótica. Rafael nunca notó las "diferencias". Sin embargo, cuando pasaba una hermosa niña, me tocaba y me preguntaba: "Entonces, Palinho, ¿qué te parece?".

Rafa vivió su vida con alegría. Nunca se entrometió en el estilo de vida de los otros. Lo que él valoraba era ser él mismo, ser feliz y dejar que los demás fueran felices a su manera. "Palinho, cada uno cuida de su trasero".

FUMAR CAUSA IMPOTENCIA SEXUAL

Una vez fuimos al estadio Arena para ver al Atlético

Paranaense contra el Internacional de Porto Alegre. Fue un partido de la liga de fútbol brasileña. Nuestro Atletiquito perdía por 2x0 en la primera parte. Los aficionados estaban furiosos.

Una persona a mi derecha fumaba mucho. Encendía un cigarrillo tras otro. Rafa, a mi izquierda, me decía todo el tiempo: "Palinho, este hombre está fumando". Y yo le respondía: "Rafito, para, déjalo en paz". Me empujaba otra vez y decía: "Palinho, este hombre está fumando". Tenía miedo de ser golpeado por esa persona y le dije: "Rafito, cierra la boca. Déjalo en paz. Si ese hombre me pega, yo te pegaré a ti ". Pero nada. De nuevo: "Palinho, ese hombre está fumandoooo". Así que dije: "Si no te quedas quieto, no compraré comida en el descanso". Cuando pensé que lo tenía todo controlado, se acostó en mi regazo y empujó al señor que estaba fumando y le dice: "¡Oye, fumar causa impotencia sexual!" Cerré los ojos esperando un puñetazo en la cara. Pero, nada. El fumador se echó a reír. Entonces, mi fe y mi coraje regresaron y les dije: "Lo siento, tío. El niño es creyente y se preocupa demasiado por tu salud".

En Brasil, la propaganda de los cigarrillos siempre tiene una frase del Ministerio de Salud que alerta a los consumidores sobre los peligros de fumar. No sé por qué, pero Rafael recordaba bien aquella que alertaba sobre la posibilidad de impotencia sexual para los fumadores.

Rafa no se metía en la vida y el estilo de vida de nadie. Sin embargo, cuando se daba cuenta de que alguien estaba en peligro, entonces, trataba de alertar, ayudar o rescatar a aquella persona. El nivel de sensibilidad hacia el sufrimiento de los demás era impresionante. Cualquier ser humano era objeto de su amor, protección, cuidado y cariño. Amaba la vida, amaba vivir y se desvivía por ayudar a quienes él sentía estaban en peligro dolor, sufrimiento, tristeza o angustia. Cualquier persona con un comportamiento perjudicial para sí mismo era alertado por Rafael de inmediato.

SAMBA Y PAGODE EN CASA

Entre 1995 y 2000 trabajé como uno de los pastores de la Primera Iglesia Bautista de Curitiba.

Una vez, tuvimos uno de esos cultos que marcan tu vida maravillosamente. El mover de Dios fue maravilloso. El entonces ministro de alabanza de la iglesia (el amado pastor Marcilio de Oliveira) invitó a Rafael a cantar junto a él la última alabanza de la noche. De repente, Rafael tira de la chaqueta del pastor y le pregunta si puede darle un aviso a toda la iglesia. El pastor le entrega el micrófono y él rápidamente da su mensaje: "¡Gente, gente, gente, mañana todos en mi casa para la samba y las pagodas!" Todos se rieron. Rafa había destruido el culto. Casi me despiden. ¿Imagina al hijo del pastor invitando a toda la iglesia a su casa después del servicio para un baile de samba y pagode? Yo traté de remediar la situación explicando a la iglesia que se estaba refiriendo a la música "para-God", pero no funcionó.

Rafael amaba la música y no veía ninguna diferencia entre la música mundana y la música sacra. Para él, todo era "sagrado". Para él todos los sonidos, todos los colores, todos los estilos se originaron en Dios, por lo que había que

experimentarlos. La adoración en la iglesia era tan sagrada y divertida como una rodada de samba y pagode con sus amigos (y toda la iglesia) junto con él celebrando la vida. Las canciones, las celebraciones, la gente abrazándose, la gente bailando, la gente regocijándose era el "paraíso" para nuestro Rafa. Pudo bailar todos los ritmos, cantar todos los estilos, celebrar cada minuto de su vida. Siempre con sus amigos. "Mañana", mi amado hijo, estaremos contigo en "casa" (nuestro hogar eterno) dando una gran fiesta con todos los ritmos, todos los sonidos, todos los instrumentos, todos nuestros amigos para alabar a nuestro Dios. Hijo mío, yo ya comencé mi viaje a casa, donde te fuiste a morar.

PASTOR RAFAEL

Hubo un tiempo (alrededor de 2009) cuando Rafael dijo que quería ser pastor. Yo fingía que no pasaba nada tanto como pude. No le daba mucha importancia cuando él hablaba de este tema. Le gustaba todo lo que yo hacía y, en cierto momento, también quiso ser pastor.

Lo interesante es que realmente tenía cariño, pasión, compasión por la gente y eso lo impulsaba a orar, visitar a los enfermos, telefonear y dejar mensajes a los que sufrían. Como yo no me ocupaba del tema, él mismo, sin mi conocimiento, llamó a un amigo mío muy querido que era (y sigue siendo) el director de Florida Christian University. Lo llamó y le dejó un mensaje a la secretaria diciendo que quería estudiar teología porque quería ser pastor. La secretaria le dio su mensaje al director quien, impresionado por la solicitud, lo llamó y le otorgó una beca por un año. Rafa fue a clase conmigo durante un año. Fue "el estudiante especial". Después de un año, cariñosamente, la FCU realizó la ceremonia de graduación donde recibió el diploma de "Pastor Especial". Estaba asombrado por su toga, su diploma y su fiesta de graduación.

Días después, me preguntó si ya era pastor. A lo que respondí: "¡Todavía no! Tienes que esperar un poco más ". Un día, me escuchó decirle a mi esposa que iba a un concilio para un candidato a pastor. Me preguntó: "Palinho, ¿qué es eso?" Después de explicarlo, inmediatamente preguntó cuándo sería el suyo porque quería ser pastor. No dije nada. Un mes después, me enteré por un diácono de mi iglesia que Rafa había llamado a todos los grupos de la iglesia y había establecido su consejo examinador como candidato al pastorado. La gente de la iglesia planeó una fiesta y me "obligaron" a ser el "examinador" de Rafa. Le hicimos tres preguntas: "Rafael, ¿amas a Jesús? Apacienta a sus ovejas. Rafael, ¿amas a Jesús? Apacienta a sus ovejas. Rafael, ¿amas a Jesús? ¡Apacienta a sus ovejas!"

Así, en 2011, fue reconocido por la iglesia como "Pastor Especial".

En 2014, el pastor David Uth (pastor titular de la Primera Iglesia Bautista de Orlando) presentó a Rafael como el pastor Rafael al equipo de pastores de la iglesia. No sólo le gustó mucho, sino que se veía a sí mismo como un "cuidador" de personas.

Me acompañó a decenas de visitas pastorales a hogares, hospitales y clínicas. Oró por los enfermos y las parejas. Oró intensamente por las mujeres embarazadas. Sabía su

48

nombre, el nombre de su bebé y la hora de su nacimiento. Obviamente, iba al hospital a visitar a la madre y a al bebé. Llamaba a todos en la iglesia que tenían un cumpleaños sin olvidarse de ninguno de ellos. Era mi socio, mi amigo. Realmente fue un pastor súper especial. Cuánto lo echo de menos.

Durante la celebración a Dios en memoria de Rafael, el pastor David Uth dijo: "Cuando invitamos a Nassif a ser pastor de los brasileños entre nosotros, no conocíamos a Rafael. Si lo hubiéramos conocido, por supuesto, lo habríamos invitado a él y no a Nassif ".

A TÍ NO TE GUSTA PERO A MÍ SÍ

A veces, Rafael aparecía con "manías" o novedades.

Siempre le gustó la música (samba, forró, pancadão, funk, bossa nova, temas de telenovelas, country brasileño, soft rock, gospel, etc.). Fue increíble cómo conocía a los cantantes, las cantantes y sus canciones.

Le encantaban los restaurantes, desde la comida chatarra hasta los más sofisticados. Le gustaba la WWE (World Wrestling Entertainment) y tenía sus artistas favoritos. Siempre estuvo enamorado del personaje principal de la telenovela del día.

Amaba el fútbol y cambiaba de equipo cada semana.

De vez en cuando se le ocurrían unas ideas y deseos que yo le decía: "Rafa, qué horror, qué feo, qué mal. No me gusta."

Luego, con esa carita de ángel, respondía: "¡Palinho, a tí no te gusta, pero a mí sí!"

Listo, me había dado una lección: cada uno de nosotros tiene derecho a gustar de lo que desea.

Mis gustos no siempre serán iguales a los suyos. Sus gustos no siempre serán iguales a los míos. Usted tiene el derecho absoluto de disfrutar, apreciar, gustar, experimentar todo lo que quiera, aunque a mi no me guste. ¿Sabes por qué? Porque es tu vida, es lo que es bueno para ti, es lo que te trae alegría y felicidad. Sólo no olvide que su derecho absoluto a elegir es también mi derecho absoluto a elegir. Elige cómo quieres ser feliz y vete en paz. No intentes decirme cómo ser feliz. Mis gustos, mis pasiones, mis amores son míos. Si no te gustan, ¡está bien! Sin embargo, recuerda: ¡me gustan! ¿De acuerdo?

De él aprendí que, muchas veces, lo que los padres sueñan con sus hijos son sus sueños y no los sueños de sus hijos.

Mis hijos harán esto y aquello, serán esto y aquello. Todo esto es la realización de un sueño, la expresión de la felicidad de los padres y no necesariamente del niño.

Hacer feliz al hijo es brindarle aquello que le produce placer, felicidad, risa, pasion y seguridad.

Rafa me enseñó que no hay nada que haga más feliz a un padre que ver feliz a sus hijos.

Verlo reír a carcajadas, a pesar de que tuve que fingir que

tropecé y me golpeé la cabeza con la puerta, era como estar en el cielo con él. Verlo reír y rodar en el suelo era para mí lo más feliz de este mundo.

Evidentemente, los padres siempre debemos guiar a nuestros hijos hacia lo mejor. En última instancia, la felicidad de nuestros hijos siempre será suya y nunca, nunca una proyección forzada de la nuestra (nuestro concepto de lo que es la felicidad) felicidad en su vida. "¡Palinho, a ti no te gusta pero a mí sí!"

Cuánto extraño escuchar su voz cantando sus canciones, sus pasos por la casa. Cuando venía a mi habitación todas las noches a preguntarnos a mí y a Lucia: "¿Van a tener sexo esta noche?" Y se reía a carcajadas.

Cómo extraño ver la puerta de la sala abierta y verlo sudar después de hacer sus ejercicios físicos mientras escuchaba a sus cantantes pentecostales. Cuánto extraño su compañía en el auto donde les encantaba estar sintiendo la fuerza del viento y con su mano izquierda apoyada en la mía.

NO TE SIENTAS NERVIOSO, PALINHO

A veces, cuando llegaba a casa, él comenzaba a charlar o cantaba en voz alta, y yo decía: "Rafa, Palinho no está bien. Estoy cansado, estoy nervioso. ¡Déjame en paz, hijo! " En esos momentos, se sentaba a mi lado, me acariciaba el cabello y decía: "¡Palinho, Palinho, mira, no te pongas nervioso! Haz esto: lleva a Mamita a cenar a un buen restaurante y disfruta de una cena romántica. Después de eso, llévala a un hotel, abre el champagne, coquetea con ella en un jacuzzi y vuelve mañana, ¿de acuerdo? Te sentirás mucho mejor, ¿sabes, Palinho? ¿Qué piensas?"

Pero ¿de dónde salían esas ideas? Yo no sé. Siempre estaba buscando alternativas que pudieran curarnos o sacarnos del mal humor. Fue un luchador en busca de la felicidad, el bienestar y las relaciones envuelto en comprensión y cariño. Tenía una comprensión inexplicable de las relaciones. Podía entender cuando las personas estaban sufriendo y siempre buscaba formas de alivio y / o alternativas de curación. Sufrió con los que sufrían y se regocijó con el que estaba alegre. El ángel Rafael era incansable e imparable hasta que encontraba las maneras de alivio, cura, alegría y bendiciones para la vida de quienes vivían a su alrededor.

SIN LÍMITES

Rafael supo ser feliz. No conocía sus "límites" (Si es que él tenía algunos). Siempre hacía lo que le gustaba. Las definiciones de felicidad siempre fueron suyas.

Nos dimos cuenta de que la "felicidad" que proyectamos en nuestros hijos, casi siempre, son "nuestras" proyecciones (personales) de felicidad.

Muchas veces, le deseamos a nuestros hijos aquello que creemos los hará felices. Otras veces, proyectamos en nuestros hijos lo que no somos o lo que no hemos logrado. No hay nada de malo en eso, en cierto modo. Por supuesto que queremos que nuestros hijos tengan más oportunidades

e incluso mejores que las que nosotros hemos tenido. Sin embargo, la proyección de nuestra felicidad sobre ellos no siempre es realista. Cada ser humano es único en sí mismo. Todos, bajo la guía, la tutela y la protección de sus padres, deberán encontrar su propio camino hacia la felicidad. Rafa fue un campeón en esto.

Un día decidió que sería pastor de almas. ¡Y eso fue! El pastor de almas más extraordinario que he conocido. Su pasión por las personas, su intensa lucha por verlas libres de sus sufrimientos, la forma en que intercedía por los demás, la forma en que cantaba alabanzas a Dios, eran incomparables. Otro día él decidió que sería "promotor de eventos". Nos decía que trabajaba promoviendo eventos para cantantes. Cuando veía un anuncio publicitario de cualquiera de estos eventos, lo compartía con todos. Él trabajó.

Otro día se me acercó y dijo: "¡Palinho, quiero ser un "potrófico"! Yo respondí: "¡Uau! ¿De verdad hijo? ¿Y qué es un "potrófico"? Con rostro admirado y conmocionado por mi ignorancia, respondió: "Palinho, el potrófico hace fotos de personas, bebés recién nacidos, cumpleaños, bodas, etc. ¿Entendiste?" ¿Sabes lo que pasó? En su cumpleaños, un grupo de personas hizo una recolecta y le obsequió una cámara semiprofesional. Entonces Rafa se iba a todos lados, tomando fotos de todo y de todos. Era el "potrófico" que trabajaba felizmente desarrollando sus habilidades con extrema satisfacción. Algunas fotos fueron perfectas. ¡Algunas escenas eran de una sensibilidad a la vida que nos impresionaron!

DIOS HABLABA CON RAFAEL

Creemos que Rafael realmente tenía la capacidad de entender cuando Dios le estaba hablando.

Muchas veces me dijo que escuchó la voz del Señor en su corazón. Por supuesto, tenía una comunicación especial con Dios, nunca se equivocaba en sus "predicciones". Varias veces llamó a familiares en São Paulo y les dijo que iba a la boda de un primo, o que iba a pasar Navidad y Año Nuevo, o que iba a visitar a un recién nacido. Fue impresionante ver que todas las cosas caían en su lugar para que sucediera como él lo había dicho.

Creo firmemente que el Señor le habló esa semana sobre su muerte. Dos días después de la operación me preguntó: "Palinho, ¿crees que voy a morir?". Traté de decir que no, sin embargo, volviendo la cara hacia el otro lado, de repente, dijo: "¡Palinho, no quiero hablar de eso ahora!" Y se quedó dormido dulcemente durante unas horas. Cuando se despertó, ni él ni yo hablamos del tema. De una manera que solo él pudo entender, Dios se comunicó con él, de una manera especial. Y sabía que iba a vivir en el cielo.

Me enseñó que el nivel de educación o intelectualidad a menudo me impide "escuchar" la voz del Señor o conocerlo. No estoy engrandeciendo a la ignorancia, pero, para muchos, la intelectualidad es como una luz artificial que te impide ver el cielo salpicado de trillones y trillones de estrellas.

Apague las luces de la ciudad y veremos un cielo nunca visto por nosotros. Muchas veces, la intelectualidad tiene

54

el mismo efecto en nuestro corazón y mente que las luces artificiales que esconden las estrellas del cielo. Por eso, me enseñó que la capacidad intelectual (especialmente de aquellos que saben poco de algo y creen saberlo todo de todo) puede interferir con la sensibilidad hacia Dios. El poder, la gloria y la majestad del Señor pasan desapercibidos para nosotros. Él podía oír, sentir y entrar en la presencia del Señor como alguien que es trasladado ante su presencia. Apenas podía leer, pero entendía las verdades divinas con una profundidad impresionante.

SENSIBILIDAD Y SENTIDO DE URGENCIA

Cuando una persona sufría, Rafael sabía que el socorro debía venir de inmediato. Tenía una sensibilidad increíble por el sufrimiento de los demás.

Cuando sabía que alguien estaba enfermo, inmediatamente oraba e insistía conmigo en visitarlo ese mismo día. Cuando la persona vivía muy lejos, enviaba mensajes de voz y canciones cuyas palabras tenían que ver con el sufrimiento de la persona.

Una vez, cuando tuve un ataque de migraña, sentí dolor y mareos mientras conducía a casa. Lucia y Rafa estaban conmigo. Lucia quería conducir pero yo no podía moverme. Me fui a casa conduciendo muy despacio, agarrado al volante como una estatua. Rafa me puso la mano en el hombro y me dijo todo el tiempo: "¡Cálmate, Palinho! ¡Calma! Va a pasar, va a pasar". Todo a su alrededor perdió sentido o interés porque estaba absolutamente dispuesto a ayudarme. En aquella ocasión se dijo unas cuantas veces a él mismo: "Muchacho, cuando llegues a casa, suplica a Dios a favor de Palinho". Cuando llegamos a casa, la crisis empeoró y no podía salir del coche por el mareo y el dolor de cabeza extremo. Grité y gemí de dolor. En ese preciso momento, Rafa dice: "¡Oye, muchacho, es mejor empezar a clamar ahora!" Y así lo hizo. Después venía a visitarme a mi habitación en todo momento para preguntarme si Jesús ya me había sanado. Me besaba y acariciaba mi brazo con su manita. Luego volvía a su habitación y le hacía otra súplica al Señor. Fue una súplica fuerte. Le pidió a Jesús que sanara a Palinho. Llegó a llorar en sus súplicas. Con solo escuchar sus súplicas, me levantaba e iba a su habitación para decirle que me sentía mucho mejor. Sólo para calmarlo. Luchó con Dios, luchó muy duro por quién estaba sufriendo.

Rafael siempre tuvo una actitud hacia los que sufren que lo llevaba a actuar con rapidez. No procrastinó ante el sufrimiento de nadie. Él corría para ayudar. Sufrió intensamente junto con quien estaba sufriendo.

En esos momentos "desconfiamos" si él era una persona, pues se comportaba como un ángel que abastecía y cuidaba a todos a su alrededor.

Tenía una convicción indestructible y profunda de que podía hablar con Dios, más aún, creía profundamente que el Señor lo escuchaba, lo comprendía y actuaría en respuesta a sus oraciones.

Tanta fue la intimidad que tuvo con el Señor que parece que se lo llevó a pasar horas en la eternidad charlando agradablemente "al atardecer" en las mansiones eternas. Por supuesto, el ángel (con cara de niño) Rafael ahora está siendo visitado por el Padre.

RAFAEL AMÓ CON AMOR INCONDICIONAL Y EXTRAVAGANTE

Siempre supo amar. Amaba a todas las personas indiscriminadamente ... incondicionalmente. No le importaba saber quién estaba frente a él. Cualquier ser humano era objeto de su amor indiscriminado, incondicional y extravagante.

No le importaba su apariencia física, la forma en que vestía, si era alto o bajo, delgado o gordo. Para él, no había diferencia entre el color de la piel de nadie. No le importaba la religión, el equipo de fútbol ni la orientación sexual. Abrazaba, era afectuoso y amaba extravagantemente a todos.

Me enseñó a no discriminar ni estereotipar a ningún ser humano. Me enseñó a amar, abrazar y besar a todos.

En la iglesia, donde soy pastor, abrazo y beso a todos. Quizás, por esta razón, en los cultos que predico hay personas de muchas otras religiones como: católicos, espiritistas, musulmanes, judíos, etc. Estas personas, cuando vienen a los sermones, siempre dicen que el ambiente es seguro, íntegro y lleno de amor.

Abrazo y beso a todas mis "ovejas" tanto mujeres como hombres. El beso es seguido por un: "¡Dios te bendiga!" El abrazo es siempre fuerte y largo (4 segundos) lleno de fraternidad y palabras de bendición.

Rafael nos enseñó a abrazarnos y mediante los abrazos a recibir y sanar emociones. Me enseñó que para ser amado, nadie necesita cambiar primero. Siempre amamos sin ningún tipo de expectativa de que los demás tengan que cambiar para ser amados. Al contrario, hacemos todo lo posible para amar a todos. Precisamente por eso, nunca hablamos mal ni criticamos a nadie al frente de Rafael.

En muchas ocasiones dijo: "¡Palinho, extraño a fulano o a zutano!" Me retorcía por dentro porque eran personas que nos habían hecho daño en algún momento de nuestra vida. Sin embargo, Rafa nunca supo nada de lo que habían hecho. Cuando hablamos mal de alguien, matamos la moral y la personalidad de quien hablamos en el corazón de aquel a quien le hablamos. No tuvimos el coraje (y Rafinha no se lo merecía) para ensuciar su corazón puro. Por lo tanto, amaba a aquellos a quienes nunca queríamos volver a ver o, quizás, nunca saber.

CUIDADO CON LO QUE DICES, PALINHO

Una vez, Lucia y yo fuimos a buscar a Rafael a la casa de un amigo con los que había pasado el día. De camino a casa hablamos de una joven de la iglesia que cantaba maravillosamente. Tenía una voz impresionante y le cantaba a Dios con tanta pasión que era contagioso. Sabes cuándo queremos felicitar a alguien y decir: "Esta chica no canta nada, ¿verdad?" ¿Pero lo que queremos decir es exactamente lo contrario? Bueno, en ese momento, Rafa se sube al coche y nos oye hablar de la niña. Como de costumbre, siempre creía en lo que yo decía. No tenía dudas. En la primera oportunidad que tuvo, le dijo a la niña: "¿Sabías que a mi papá no le gusta tu forma de cantar?" ¡Estaba devastada! ¡Imagínese la confusión! No fue fácil explicarle los hechos.

Gracias a Dios era una muy buena amiga nuestra y lo entendió. Por eso, hemos aprendido que lo que los padres digan en el carro, en casa frente a sus hijos o en cualquier otro lugar donde nos escuchen, sólo porque están súper atentos y confían, siempre les creerán a sus padres. Debido a esto, él sólo escuchó cosas buenas de todas las personas, incluso de las que no gustábamos.

Él nos enseñó que somos señores de las palabras que guardamos, y esclavos de aquellas que pronunciamos.

3. LAS FRASES
DE RAFA

Cuando quería decir que no le gustaba algo o que no haría algo, con un gesto de la mano derecha como si empujara algo hacia un lado, decía:

"¡Me salgo!"

Quando disapprovava qualcosa, diceva:

"Sciò, uccello del malaugurio!"

Cuando me equivocaba en algo, inmediatamente venía la frase:

"Pero eres un idiota. ¡Eres un idiota, Palinho! ¿Sabías que eres un idiotota?"

"¡Es tra ya!"

es para ya

Cuando le pregun-
tábamos algo, él
respondía en voz
alta:

"¡Exacto!"

Cuando le preguntába-
mos si algo le gustaba,
respondía:

"¡Lógico!"

Frente a un platazo de
comida decía:

"Oye, Palinho,
¿puedes con
todo?"

Cuando alguien
le preguntaba qué
le gustaba comer,
la respuesta era
rápida:

"Mucho".

"Simbrodrominu
de dau".

Síndrome de Down.

Quando alguien le daba un platazo de comida, decía: "Hermano, mi mamá me va a matar, hermano". Sin embargo, se comía todo y cuando llegaba a casa, inmediatamente le confesaba a su madre, justificándose:

"¡Yo les dije que no te gustaría, Mamita, lo dije, lo juro!"

Le gustaba preguntarle a las mujeres casadas:

"¿Quieres que ore para que te embaraces de 4 gemelos?"

Le encantaba ver la reacción de terror de esas mujeres.

Me llamaba de

"Soberano Palinho".

Llamaba a Bruna de

"Mi Bruna".

Le gustaba preguntarles a los papás de las muchachas:

"¿Puedo orar para que su hija encuentre novio?"

Le gustaba ver la reacción de celos que tenían los padres hacia sus hijas. En esas ocasiones, se reía, se reía mucho...

Llamaba a Lucia de

"Mamita poderosa".

Llamaba a Camila de

"Fifia".

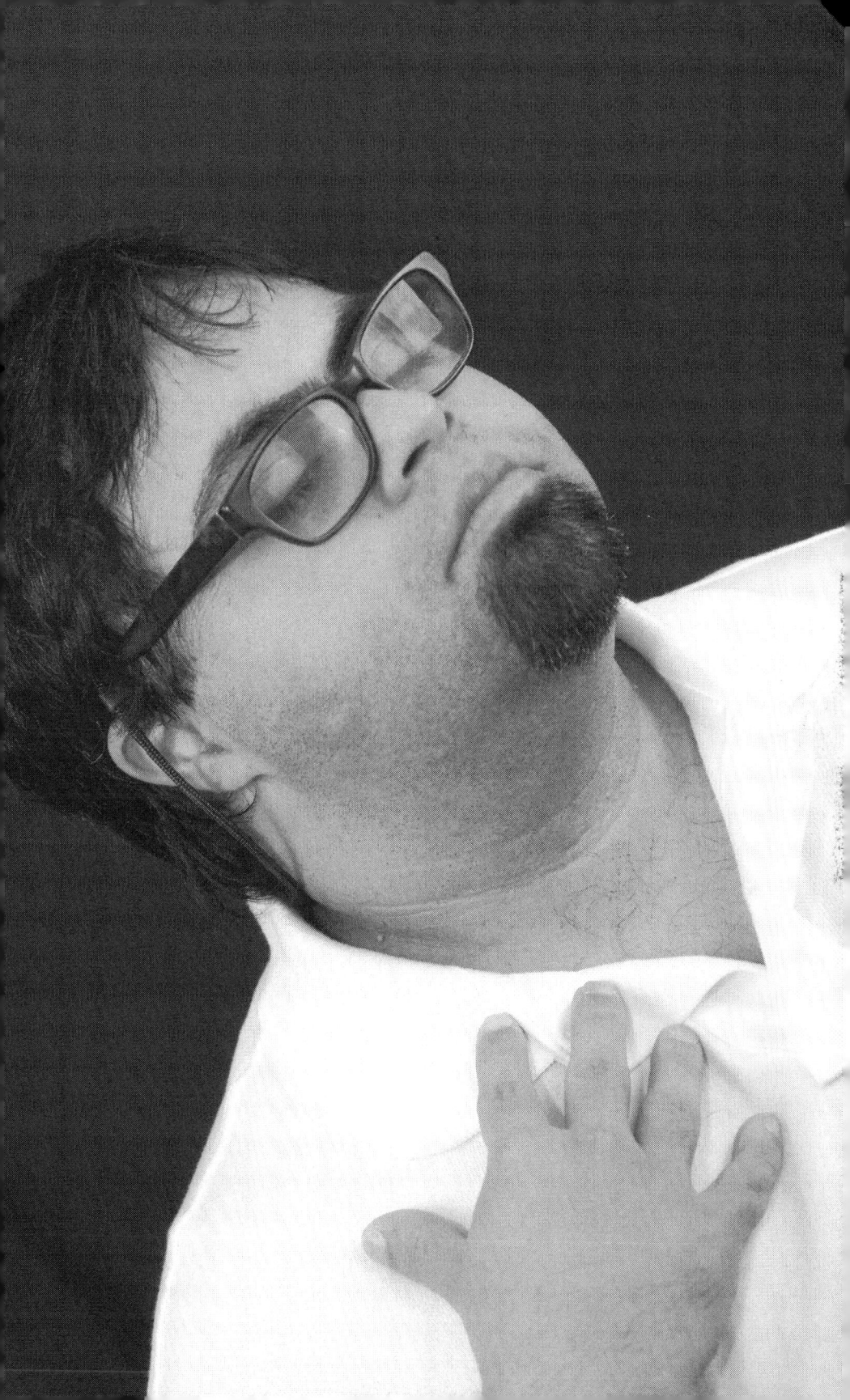

4. SUS ÚLTIMOS AÑOS EN ORLANDO

Mi vida de pastor nos ha llevado a vivir en diferentes lugares. Vivimos en São Paulo y Curitiba, Brasil; Florida, en Uruguay; en Boston y Orlando (actualmente), en los Estados Unidos.

En el año 2002, nos fuimos a vivir a Boston, donde yo era pastor de una iglesia bautista brasileña. Fue una experiencia que nos enriqueció y fue muy difícil (incluso en los últimos años en esa región). La iglesia creció mucho y disminuyó drásticamente durante la crisis económica estadounidense de 2008.

Fue una época de muchos malentendidos, acusaciones, llanto y depresión. Perdimos la casa y luego dejé la iglesia porque me di cuenta de que las mismas personas que fueron usadas por el Señor para invitarnos estaban siendo usadas nuevamente para desear nuestra salida. Oramos mucho.

Antes de tomar una decisión, oré en la iglesia durante seis

meses. Todos los días, a las 5 de la mañana, con nieve o con sol, doblaba las rodillas al pie del púlpito de esa iglesia y lloraba hasta las 7. Luego, me levantaba e iba al trabajo secular.

Los cielos se cerraron. Hasta que, un día, el Señor, sin dudas y con algunas confirmaciones, me dio la señal de que era hora de entregar mi pastorado. Salimos de allí con dolor. Amábamos a aquellas personas.

Por necesidad, fui a trabajar a una clínica que atendía a niños con trastornos emocionales. Allí adquirí una tremenda experiencia en el área del tratamiento psicoterapéutico y pude ayudar a algunas personas. Una vez más, Dios estaba usando todo aquello como una señal del próximo cambio que llegaría a nuestras vidas.

Un día, Dios comenzó a hacer algo dentro de nuestros corazones. Algún tiempo después, me invitaron a dirigir un departamento de la iglesia estadounidense en la ciudad de Orlando. Me aceptaron para pastorear a los brasileños, en la iglesia estadounidense.

En Orlando, Rafael tuvo los mejores años de su vida. Maduró e hizo cientos y cientos de amigos. Aprendió a transmitir por Facebook Live sus ejercicios físicos, sus alabanzas y su alegría. Enviaba sus mensajes de audio y video a todos los que cumplían años en la iglesia. A veces cantaba en los cultos de nuestra iglesia. Él era feliz. Muy feliz. Contagiaba a todos con su alegría y franqueza absoluta.

En Orlando, en su iglesia o en su célula, vivió intensamente. Bailó, jugó, se divirtió, adoró a Dios con un fervor impresionante, sirvió a la gente, amó a todos.

No sabíamos, sin embargo, que en Orlando estaríamos pasando los días más dolorosos de nuestras vidas (del 21 de abril al 2 de mayo de 2017) cuando nuestro amado ángel vestido de niño inició su viaje hacia su hogar eterno.

C. S. Lewis dijo: "Ahora, los cielos de esta ciudad cubren mi cabeza con recuerdos de mi amado". Porque donde quiera que vaya, en una esquina, edificio, acera, restaurante, teatro, parque o veo algo, todo me recuerda los mejores años de la vida de nuestro hijo. ¡Me recuerda, con eterna gratitud a Dios, los mejores 31 años y 7 meses de nuestras vidas!

De una manera que todavía no puedo explicar, los consuelos del Señor son tan directos, intensos y extravagantes como la nostalgia. La nostalgia provoca un dolor agudo, violento y vertiginoso. Al mismo tiempo, el consuelo que viene del Señor es a su vez fuerte y reconfortante.

Cuando la nostalgia intenta paralizarnos, los consuelos del Espíritu Santo nos empujan a vivir, a amar y a soñar. En algún lugar de mi corazón, percibo, de forma casi tenue, pero viva, una llama que comienza a calentar mi alma proclamando, aunque susurre, que vivir con este dolor será soportable, y que mis ojos llorarán más lágrimas de gratitud que de dolor. ¿Cómo me defino hoy? ¡Me defino como una persona triste! Antes podía definirme como una persona alegre con alguna que otra situación que me producía tristeza. Hoy, esencialmente, me defino como una persona triste con alguna esperanza de encontrar un poco de alegría en este suelo existencial que no elegí.

5. EN EL VALLE DE LA SOMBRA DE LA MUERTE

LA MUDANZA HACIA LAS BRAZOS DEL PADRE

En diciembre de 2016, Rafa fue atacado por una bacteria feroz que lo llevó al hospital. Después de 2 meses de batalla, logramos librarlo de esa terrible enfermedad.

Después de la primera fase, debía someterse a una cirugía para reconstruir el área genital. Entonces, después de hablar mucho con los médicos, con la familia y orar, decidimos operarlo.

El 18 de abril de 2017 lo llevamos al hospital.

La cirugía salió bien. Fueron ocho largas horas en el centro quirúrgico. Unos días después ya le habían dado de alta para volver a casa. Sin embargo, mientras aún se encontraba en el hospital, fue golpeado por una trombosis que provocó una embolia pulmonar llevándolo a un paro respiratorio el 21 de abril a las 7:30 am, en mis brazos.

Las últimas palabras de nuestro hijo fueron: "Palinho, Palinho, me duele la cabeza, tengo miedo. Ayúdame, Palinho, ayúdame ". Como resultado, perdió la capacidad de hablar y golpeó con todas sus fuerzas en mi pecho clamando por ayuda. Hasta que con una escalofriante expresión de terror dejó de respirar.

Nunca volví a escuchar su voz. Fue la mañana más espantosa y la mayor desesperación que jamás hayamos experimentado en nuestra vida.

Esos eventos quedaron grabados en nuestras mentes. ¡Imposibles de olvidar! Incluso si es solo por unos minutos. Fue angustioso, aterrador.

Los gritos de auxilio de Rafa todavía resuenan en mi mente todo el tiempo. Su habitación estaba llena de médicos que intentaban reanimarlo. Fue intubado y trasladado a la unidad de cuidados intensivos. Tuvieron que eliminar los coágulos de los pulmones y del lado izquierdo del corazón. Durante el procedimiento, tuvo un paro respiratorio de media hora. Esto causó tanto daño al cerebro que nunca podríamos recuperarlo.

En los días siguientes, sufrió de neumonía, apendicitis y sinusitis. Más tarde las bacterias comenzaron a apoderarse de su cuerpo. La cirugía, debido a todo el movimiento en el momento que intentaron revivirlo, se rompió de una manera aterradora. Lo sometieron a una sedación profunda y comenzó la lucha por la vida.

MIS CONVERSACIONES CON EL PADRE

En esos días buscaba al Señor en mis oraciones y Él me daba textos bíblicos. Esas letras eran tan diferentes frente a mis ojos llenos de lágrimas y corazón cubierto de una dolor profundamente aguda, que cuando cambiaba de intensidad, era para doler aún más.

El autor Henrik Frexeus, en su libro "El Arte de Leer los Pensamientos" dice que nuestras emociones pueden llevarnos a diferentes interpretaciones de las cosas, personas y circunstancias que nos rodean. Creo que es verdad.

Con un dolor agudo, confusión en el alma, la mente perturbada por el miedo a la muerte, la Biblia se reveló, o reveló aspectos nunca antes notados por mí. Esas letras adquirieron un significado totalmente diferente.

Nuestra familia estaba empezando a tener momentos muy difíciles porque nuestro hijo se había sometido a una cirugía muy delicada hace días.

A continuación, cito algunos textos que fueron parte de mis "conversaciones" con el Señor en mi angustiosa búsqueda de un milagro para nuestro hijo Rafael. Este milagro nunca llegó. ¡No como yo lo esperaba!

Estas fueron mis conversaciones con el Padre durante esos días en el hospital:

En la mañana del 21 de abril, en medio del proceso de

recuperación (ya había sido dado de alta para volver a casa), sufrió una embolia pulmonar y tres paros respiratorios.

El estado de nuestro Rafael era sumamente crítico. Nos lo quitaron. Nos separaron de él entre la prisa y las sirenas del hospital.

¿Dónde estaba entonces? En una unidad de tratamiento intensivo, sedado, mientras recibía tratamiento de emergencia.

Lo que más queríamos saber en esos momentos era cuándo podríamos saber si había tenido daño cerebral y cuál era el alcance. ¿Cuándo sabríamos si todavía tendríamos a Rafa con nosotros o si habría sufrido un daño total de su cerebro? Mi mente estaba confusa. El dolor era (y sigue siendo) extraño porque nunca antes lo había sentido. Nunca había conocido tal tipo de dolor. Nada parecía ser verdad. La gente que me rodeaba pasaba muy lentamente y sus figuras eran tan borrosas como las de la espesa niebla.

¿Alguien podría decirme qué pasó? Él me estaba hablando hace un rato. ¿Dónde está mi hijo? ¡¡ Mi hijo, mi hijo, mi hijo !!!

¡Pasamos un día de espera agonizante y dolorosa!

"La esperanza que se demora es tormento del corazón; pero árbol de vida es el deseo cumplido.". Proverbios 13:12

El clamor era constante: Señor, ¿qué le estás haciendo a nuestro hijo? ¿Por qué no sabemos nada de él hasta ahora?

Necesitamos un rayo de esperanza. Si hay alguna esperanza, lucharemos duro por él.

Y si ha habido muerte cerebral, ¿qué será de nosotros?

Extraño demasiado su voz. No hay más música en casa, no hay más sonidos producidos por él. No escucho sus pasos bajando las escaleras.

¡Cómo lo extraño! Dios, puedes curarlo, ¿no? ¡Sé que usted puede hacerlo! ¿Pero, lo harás?

El dolor crecía en nuestro corazón. La incertidumbre del día de mañana era abrumadora.

Los procedimientos para reducir la sedación de nuestro Rafael se posponían casi a diario, siempre pospuestos para "mañana".

Lo sé, lo sé, lo sé, ¡sé absolutamente que el que decide es el Señor! También sé que podrá utilizar a los médicos para hablar con nosotros. Lo sé, lo sé, lo sé, sé absolutamente que incluso si los médicos lo dan por muerto, ¡el Señor puede resucitarlo! ¡Lo sé! Lo sé, lo sé, lo sé, ¡sé absolutamente que intentaremos no hacer alguna locura! Trataré de no rebelarme contra el Señor. ¡No lucharé contra nuestro Salvador! Pero, no sé si puedo. Mi carne herida, desgarrada quiere respuestas, razones, tiene un inmenso deseo de encontrar "culpables". Debo decirle a mi carne que además de los seres humanos y las máquinas está mi Dios soberano. ¡Necesito repetir esto a mi carne! La rebelión crece como un volcán advirtiendo que la explosión es inminente. Mi corazón está devastado, inundado de dolor y tristeza, necesita paz. Parece que está sangrando, queriendo atacar a alguien, quiere explotar. Debo decir a mi corazón: "¿Por qué te abates, oh alma mía, y te turbas dentro de mí? Espera en Dios; porque aún he de alabarle, salvación mía y Dios mío" Salmo 42: 5

Mente llena de pensamientos antagónicos

Imágenes que se multiplican por miles desde su nacimiento, las fiestas, sus frases (que eran sólo suyas), sus restaurantes favoritos (todos), sus bromas, sus formas de hablar, su forma de ser. Imágenes que me hacen AGRADECER el privilegio de haber sido elegidos por el Señor para cuidarlo hasta el día de hoy.

¡Son los 31 años de la mejor vida de un ángel que vivió en nuestra casa! Sin embargo, mi mente está llena de rebelión, un dolor que me está drogando, tratando de tomar el control y robarme el suelo debajo de mis pies. Mi mente necesita encontrar el rumbo existencial, el nuevo significado de la vida, el propósito nuevo o innovador para seguir adelante en la existencia. Sobre todo, cuando llegue el momento (esperaba y deseaba que todavía no hubiera llegado) de saber (de aprender) a vivir con el espacio vacío (y, ¡qué espacio ocupaba el gordo!) en este planeta Tierra.

¡Me duelen los pies por tener que caminar sobre este suelo frío y duro de este camino obligatorio!

¡¡¡Señor, socorro!!!

¡Nuestro hijo todavía está sedado! Cuando despierte (eso

esperamos), sabremos que el Señor nos lo ha devuelto. ¿Nos lo devolverá?

Tengo mucho miedo de su soberanía. Obviamente, nuestra oración es que el Señor nos devuelva al mismo Rafa: alegre, carismático, fiestero, adorador, dulce, bromista, apasionado por Dios, por el Chavo, los Tres Chiflados y por los restaurantes (muchos).

Todavía estamos en el valle de sombra de muerte. ¡Qué espantoso es este valle! Tú, Señor, nos dijiste que no temiéramos mal alguno a causa de tu presencia con nosotros en el valle. ¿Por qué este inmenso e intenso miedo en mi alma? ¿No estás aquí conmigo en este valle? ¿Estás al menos con él? ¿Será que sólo los que están en el valle no tienen miedo? ¡Porque tengo tanto miedo!

Si Dios obra, él es Dios, si Dios no obra, sigue siendo nuestro Dios. ¡Es tan fácil cantar esto! Qué difícil es decirlo, vivirlo. Cantar fue mucho más fácil.

En estos días, frente a lo desconocido, del enorme miedo de perder a nuestro hijo, del silencio que insiste en dar gritos de terror, gritos espantosos en el silencio de nuestro hogar, cómo es difícil vivir. Si Dios obra, él es Dios. Si Dios no obra, sigue siendo nuestro Dios. ¡Sí! ¡Él lo es! Pero, yo no, ¡yo no soportaría que no obres!

Estamos en la agonizante expectativa de descubrir cómo nos querrá el Señor en los días que vendrán. ¿Nos dará el Señor días felices y festivos? Nos hará danzores, sus adoradores o adoradores mojados de lágrimas (que ya son muchas) que insisten en ser renovadas en un tanque gigantesco. Nunca me informaron que nuestro depósito de lágrimas era tan grande. Ni siquiera me hablaron de la velocidad con la que se renuevan las lágrimas ... lágrimas de lamento.

En la madrugada, siendo imposible dormir, me vino a la mente nuevamente el Salmo 23. En especial el versículo **4:** **"Aunque ande en valle de sombra de muerte, no temeré mal alguno, porque tú estarás conmigo; tu vara y tu cayado me infundirán aliento".**

¡Jesús! ¡Jesús! ¡Jesús! Por favor dígame: ¿Por qué vamos por este camino? ¿Por qué vamos por este camino, vamos, vamos ...? ¿Vamos a dónde? ¿Qué hay al otro lado del valle?

"Aunque ande." Esta posibilidad se convirtió en un hecho. DE HECHO, estamos caminando por el valle. Pero este valle no es plano ni siquiera libre de piedras, troncos y animales repugnantes. Las piedras nos desgarran los pies. Los troncos nos hacen tropezar y caer en todo momento. Animales espeluznantes atacan mi mente con venenos diferentes y alucinantes que causan mareos y mareos. Animales que causan dolor de cabeza. ¡Son tantos! Ya no puedo caminar. Me sangran los pies. Mis rodillas están desgarradas. Tengo miedo de volverme loco. Qué horror tener que caminar por este valle **"de sombra de muerte"**. Sombras densas, impenetrables, pesadas sobre nuestros hombros. Sombras que no nos dejan ver nada a nuestro alrededor ni siquiera frente a nosotros. Lo único que hacemos es tratar de mantenernos pegados unos a otros con la vaga esperanza (casi ninguna) de que quien esté al frente esté a su vez bien apegado al Pastor. Porque, ¿qué otra oportunidad para creer

que estamos en la dirección correcta si no nos mantenemos unidos? La oscuridad penetra por los poros y llega al alma y a la mente. Ya no puedo verme a mí mismo ni me reconozco en esta aterradora oscuridad.

"No temeré mal alguno". ¿No? ¿Ni siquiera uno? ¿Cualquier cosa? ¿Ni siquiera un poco de piel de gallina? Entonces, ¿dónde está mi fe? Tengo miedo, tanto miedo. Tengo la piel de gallina, me tiemblan las piernas. Ya no puedo detener las voces de los espíritus que pueblan las sombras que aúllan en mi cabeza con aullidos horribles. Aullidos que insisten en que la muerte ganará, saldrá victoriosa. ¿Podría alguien repetir, repetir y repetir a mi alma **"Y cuando esto corruptible se haya vestido de incorrupción, y esto mortal se haya vestido de inmortalidad, entonces se cumplirá la palabra que está escrita: Sorbida es la muerte en victoria. ¿Dónde está, oh muerte, tu aguijón? ¿Dónde, oh sepulcro, tu victoria?"** 1 Corintios 15: 54-55

¿Podría alguien, un ángel o el Espíritu Santo gritar más fuerte dentro de mí, más fuerte que los espíritus de la muerte? ¡Temo! ¡Temo, Jesús! ¡Yo confieso! Socorro, tengo miedo.

"Porque tú estarás conmigo". ¿De verdad lo estás? ¿Dónde estás, Jesús? ¿Quién sabe si el Pastor está realmente aquí? ¿Alguien puede oírlo? ¿De verdad? ¿De verdad? ¿Por qué no puedo verlo, percibirlo, escucharlo o incluso sentirlo? Mis ojos están ahogados en lágrimas y no puedo ver. Mis pies están desgarrados por las piedras afiladas del valle. Mis rodillas están desgarradas por las muchas caídas en el camino. Mis oídos están bien abiertos a las voces de los bichos asquerosos. ¿Cómo sé que Él está realmente conmigo? ¿Cómo escucho tu voz? ¿Cómo puedo sentir su presencia? ¿Qué hago para escuchar sus palabras de ánimo? Jesús, ¿porque estás en un silencio indiferente? Nuestro dolor parece agradarte. Parece haber satisfacción en tu silencio indiferente hacia nosotros.

"Tu vara y tu cayado me infundirán aliento". ¡Cómo he sentido tu vara! Me ha golpeado fuertemente la espalda y las piernas. Tu vara ha quebrado mis piernas. Mi capacidad para caminar de pie ya no existe. Lo mucho que puedo hacer es arrastrarme detrás de Ti, mi Salvador. Ya no puedo andar altivamente frente a los hombres. Solo me resta andar encorvado para ser, percibirme y convertirme en el más pequeño de todos los hombres. Aunque quisiera levantarme, tu vara ya quebró mis piernas y mi cuello fue encorvado.

¿Sabes Jesús? De una manera que no puedo explicarte ahora, puedo sentir tu presencia. No por tus manos acariciándome o sosteniéndome, sino por la vara que zumba en mis oídos, corta la carne de mis piernas y rompe los huesos. Cuánto duele vivir de rodillas.

¡Tu cayado! ¿Dónde está? Necesito que me levante. Sin él me quedaría postrado.

¡Tu cayado! ¿Dónde está? ¿Dónde está? Si tus manos no pueden por el momento infundirme aliento, al menos tócame con tu cayado, por favor, por favor, tráeme un poco de consuelo.

Tú eres mi Pastor. De cierta manera todavía hay en el fondo de mi corazón, en puntos distantes de mi alma, en algún

laberinto escondido en mi mente, una voz que dice: "¡Nada te faltará!" Esta voz es reprimida por tu silencio que parece indiferente a mis oídos, una demostración de que no te interesa mi dolor y ni siquiera el sufrimiento de mi hijo. No te duele en absoluto, ¿verdad?

Tiempo y dolor

¡Ya han pasado cinco días desde que Rafa se detuvo en mis brazos y seguimos en la agónica espera, en la dolorosa búsqueda de la victoria!

Hijo mío, vuelve a casa. Te extraño demasiado. En la ciudad, en todas las calles y rincones, edificios y jardines, restaurantes e iglesias, lagos y tiendas, hay un recuerdo de ti. En todos estos lugares vacíos faltas tú. Mi nostalgia duele demasiado. Los cielos de nuestra ciudad me cubren de recuerdos tuyos, mi amor.

¡Levántate, mi amor! Vuelve, vuelve a casa. ¡Vuelve a mí, vuelve!

Los médicos continuaron su lucha para mantenerlo estable y libre de una nueva infección.

Nuestra súplica esa mañana fue que, en poco tiempo, él consiguiera respirar sin estar entubado. Para eso, tendría que superar una neumonía que todavía lo debilitaba mucho. También los riñones estaban dañados (la creatinina era de 2.4).

Cuando el Señor nos diera esas victorias, sabríamos si él estaba bien, si era el mismo de antes.

Mi corazón estaba confiado en Jesús, mi Señor. Mi mente estaba afirmada en mi Salvador. Seguíamos con los ojos fijos en Él, solo en Él.

Mi dolor, sin embargo, seguía aumentando. Ese día pensé que no iba a soportar más. Mi espalda no podía (y todavía no puede) mantenerse recta, sólo encorvada.

Mi cabeza colgaba (y todavía cuelga) hacia el suelo sin que mis ojos perdieran de vista el cielo ni por un segundo, de donde pueden venir las bendiciones de mi Salvador.

Pasó otro día, me dolió más, pero yo estaba allí en la presencia del Señor. Sé que Él recoge mis lágrimas (Salmo 56: 8). ¡Yo creo que él va a hacer una piscina en el cielo, por supuesto! Quién sabe si todavía nos dará su victoria. ¡Cualesquiera que sean las circunstancias, la gloria será de nuestro Salvador!

Otro día más

Comenzábamos otro día, otro viaje, otra oportunidad de pisar el terreno de la experimentación de la vida.

Terreno todavía feo que exigía dolor agudo y gemidos incontrolables. No había otro camino, otra ruta. No había (y no hay) atajos y no hay forma de pedir que alguien nos reemplace.

Nuestra vida subsistía las dificultades del viaje. A veces, ligeramente fuerte, en otras ocasiones, extremadamente moribunda, atrayendo cuervos voraces que insistían en anidar en nuestras cabezas.

El ejercicio de pisar, con los pies quebrados, en el terreno cotidiano de la caminata, hacia la vida, hacia el milagro de la vida, se agravaba con el esfuerzo de asustar a los cuervos. Casi no podía evitar que volaran sobre mi cabeza. Pero, evitar que me hagan nidos en la cabeza, esto lo puedo hacer, tengo que hacerlo, por eso peleo. Aunque perciba algún pájaro de mal agüero trayendo malas noticias para asentarse en mi mente.

¡Si! ¡Tenía miedo! ¡Tanto miedo! No desconfiaba de mi Dios (sólo un poco). Pero tenía mucho miedo a lo que pasaría. Miedo a ver espacios vacíos, lugares que celebrarían la falta de vida del ser querido.

Por miedo, tengo que ser valiente. El coraje sólo es necesario cuando hay miedo. Si el miedo no existe, igualmente, la valentía es inexistente. Por tanto, la valentía es la decisión de actuar en el entorno y territorio del miedo. A pesar del miedo, la valentía actúa, incluso con miedo. El miedo es un sentimiento. El valor es acción. La valentía no elimina el miedo, al contrario, vive en sus entrañas. El miedo intimida a la valentía. Sin embargo, si la valentía hiciera morada en las profundidades del miedo, puede actuar independientemente de dónde viva.

A los teólogos de guardia que intentan recordarme que: **"En el amor no hay temor, sino que el perfecto amor echa fuera**

el temor; porque el temor lleva en sí castigo. De donde el que teme, no ha sido perfeccionado en el amor. " 1 Juan 4:18. El sustantivo amor aquí es una referencia a Dios cuya esencia es el amor y ahuyenta todo nuestro miedo de estar en su presencia. En el ambiente acogedor del amor verdadero se pierde el miedo al abandono, la traición y la injusticia. El Dios que es amor echa fuera nuestro temor de ser abandonados por él.

No perderé la fe, ni me rebelaré contra mi Señor. No perderé la esperanza. No perderé la bendición de la comunión con mi Señor.

Sólo quiero perder el dolor de perder, que sólo se pierde cuando el perder se pierde.

Anhelo perder el dolor. El dolor de ver sufrir a mi amor sin ni siquiera saber por qué, sin entender el motivo ni el propósito de ello. Y eso me enferma, me aplasta y me repugna.

Quiero perder el dolor que el recuerdo de su rostro agonizante ha grabado en mi mente y corazón.

Cuánto anhelo perder este dolor que sólo se perderá cuando mi hijo se salve de su dolor.

Cómo clamé: "Levántate de tu lecho de muerte, de tu lecho de heridas y aflicciones, de espantos y pesadillas. Levántate, mi amor, levántate y ven a mis brazos. En mis

UN ÁNGEL HABITÓ EN MI CASA

brazos encontrarás tu bálsamo, encontrarás mi corazón, encontrarás todo mi amor.

Levántate, y abrazándome, en un abrazo interminable y cariñoso, recorreremos estos nuevos caminos celebrando nuestro amor.

Vamos, hijo amado, emborrachémonos del dulce néctar del amor.

Vamos, mi amado hijo, vamos a bailar nuestra coreografía de pasiones compartidas.

Vamos, hijo mío, vamos a ver al Chavo, a los Tres Chiflados, y videos chistosos.

Vamos a reírnos sin prestar atención a la opinión de los bobos, de los molestosos, de los que no saben qué es el amor, ni la pasión, ni lo que es embriagarse de alegría, ni lo que es vivir intensamente. Porque sabemos quién es nuestro Redentor.

¡Despierta, hijo mío! ¡Levántate, mi amor! ¡Regresa a mí! ¡¡¡Vuelve !!! " Las grandes batallas de ese día:

- Debían superarse la neumonía y la inflamación de la apéndice;
- Debía evitarse cualquier tipo de hemorragia;
- La cirugía necesitaba cicatrizar.

Rafael necesitaba mucha fuerza. Estaba a punto de pasar por el duro procedimiento de reducir la sedación para que pudiera dar alguna señal de que la máquina de oxígeno podía apagarse y, entonces, ser desentubado.

Serían horas (más o menos 5 horas) de angustia y una sensación de malestar extremo.

Sufría con él, minuto a minuto. Estuve con él, para intentar hablarle y así tener las señales que tanto deseábamos. Si me hubiera entendido, me habría respondido adecuadamente, significaría que la mente estaba ahí. ¿Rafa lo lograría? ¿Será? A ti, Señor Jesús, elevo mi súplica. ¿Será hoy el día de estas victorias? ¿Será hoy el día en que se abran las puertas del encarcelamiento y se deshaga el riesgo de muerte? ¿Le traerás la liberación a nuestro hijo, a mi amado Rafael?

Una Madrugada difícil

En otra madrugada de insomnio, fui a leer la Biblia y la Palabra que me vino fue esta:

"Después que hubo terminado todas sus palabras al pueblo que le oía, entró en Capernaum. Y el siervo de un centurión, a quien éste quería mucho, estaba enfermo y a punto de morir. Cuando el centurión oyó hablar de Jesús, le envió unos ancianos de los judíos, rogándole que viniese y sanase a su siervo. Y ellos vinieron a Jesús y le rogaron con solicitud, diciéndole: Es digno de que le concedas esto; porque ama a nuestra nación, y nos edificó una sinagoga. Y Jesús fue con ellos. Pero cuando ya no estaban lejos de la casa, el centurión envió a él unos amigos, diciéndole: Señor, no te molestes, pues no soy digno de que entres bajo mi techo; por lo que ni aun me tuve por digno de venir a ti; pero dí

la palabra, y mi siervo será sano. **Porque también yo soy hombre puesto bajo autoridad, y tengo soldados bajo mis órdenes; y digo a éste: Vé, y va; y al otro: Ven, y viene; y a mi siervo: Haz esto, y lo hace. Al oír esto, Jesús se maravilló de él, y volviéndose, dijo a la gente que le seguía: Os digo que ni aun en Israel he hallado tanta fe. Y al regresar a casa los que habían sido enviados, hallaron sano al siervo que había estado enfermo." Lucas 7:1-10**

Señor, tu amado está muriendo. No se trata de un "extranjero", sino de alguien que ya te pertenece. SÓLO UNA PALABRA tuya puede traerlo de regreso de la prisión oscura y dolorosa. Enciende su mente de nuevo. ¡Levántalo con vida y salud, alegría y jolgorio, fiestas y bailes con alegría! ¡Se trata de tu adorador!

Nuestra casa percibe el silencio. La música que tanto te adora ya no suena. ¿No lo extrañas, Señor? ¿No deseas, Señor, la voz aguda de este siervo puro e inocente?

Bendícelo con pulmones que puedan respirar.

¿No deseas ver sus brazos levantados en adoración? ¿Ya no deseas verlo danzar para ti?

¿Por qué tardas para curarlo (o para llevártelo a tu presencia)? Por favor, solo DIGA una PALABRA y tu amado volverá a mis brazos que tanto desean llevar su corazón contra el mío que ahora está tan necesitado.

Rafa entrará una vez más al Lugar Santísimo y derramará el perfume de su amor a tus pies, Jesús, si solo dices UNA palabra.

Él, una vez más, levantará el incienso de su apasionada e impresionante adoración. Este padre, casi débil, todavía con fe y esperanza, todavía creyente y perseverante, espera esta ÚNICA palabra tuya.

Señor, dime, por favor (te lo ruego), ¿necesitarás tú de una SOLA PALABRA? ¿No? Entonces, ¿por qué no la has dicho todavía?

¡Hoy intentarán deshacerse de la sedación! Esto, nuevamente, significa horas de angustia. Sin sedación sentirá todos los dolores de la cirugía que se rompió cuando intentaron reanimarlo.

Hoy, ayúdame a orar por un analgésico DIVINO extremadamente poderoso para prevenir el dolor violento de una herida rota.

¡Nuestro hijo será sometido a un dolor insoportable sin la mano poderosa del Señor! ¡Oh, Señor, toca esa herida con tus manos!

¡En medio de este dolor sabremos si su cerebro está sano! Sabremos si el LEVITA volverá a su lugar.

¡Tendré que estar con él (y no hay otro lugar en el universo donde hubiera preferido estar si no junto a mi hijo)!
¡Hoy, cambio todas las riquezas del mundo por esta ÚNICA PALABRA tuya, Señor!

Detuvieron la respiración artificial en Rafael. Debe mantener

los parámetros durante una hora más. ¡Pronto podremos acceder a su cerebro y comprobar las respuestas neurológicas que nos dará!

¡No, no, no! Nuestro Rafa no pudo mantener la respiración natural debido a la lesión en su laringe muy lesionada, y corrió el riesgo de cerrarse. Tuvo que volver a ser conectado a la máquina y recibirá la medicación adecuada durante 72 horas. Después de eso, los médicos evaluarán la posibilidad de retirar nuevamente la respiración artificial. Si eso no es posible, una traqueotomía será el próximo recurso.

¡Delante del trono del Señor estamos tirados a tus pies! ¡La orden que responderá a nuestra súplica aún puede llegar desde su trono!

1 de mayo

El 1 de mayo, nuevamente, fui a hablar con el Señor: "Hola, Jesús, ayer fue un día muy difícil. Creí que ayer sería el comienzo del proceso de sanidad de nuestro hijo. Sin embargo, en mi opinión, no hubo sanidad. Las señales eran de daños irreversibles.

¿Podrías hablarme a través de tu palabra? Sí, en este momento, con la espalda desgarrada, las rodillas desolladas y los pies quebrados, ya no puedo escuchar sólo a los "profetas". Algunos "amigos de Job" ya consumen mis entrañas. No puedo soportarlos más. Necesito tu palabra.

"Aconteció después, que él iba a la ciudad que se llama Naín, e iban con él muchos de sus discípulos, y una gran multitud.". Lucas 7:11

Señor, fuiste a la ciudad de Naín. ¿No te gustaría venir a Orlando? ¿Más específicamente a Winter Park? ¿No habrá "UBER" en los cielos donde vives?

Puedo imaginarme a esa multitud siguiéndote.

Seguirlo es experimentar el milagro, la sanidad, tus intervenciones inéditas, espectaculares, dramáticas, dulces, secretas, íntimas o públicas. Seguirlo significa estar junto a la fuente más poderosa que genera bendiciones y obra milagros. Creo que puedo ver y oír a la multitud y sus gritos de alegría y júbilo, sumados a los gritos pidiendo socorro. Gente llenando las calles, llenos de esperanza, convencidos de la posibilidad de algo nuevo, de la intervención que puede cambiar el destino y la historia de nuestra vida. Calles llenas de gente, gente, gente.

Seguirlo significa celebrar la existencia y la vida. Seguirlo significa experimentar la sombra de tu cuerpo pasar sobre nosotros para renovar nuestra vida y nuestro cuerpo, curar enfermedades, erradicar males y demonios, hacer andar y bailar al cojo en el templo.

Al tocar su manto, cesa el flujo de sangre. Recibir el toque de tus dedos hace que los ciegos vean y los sordos oigan. Cuándo te invitamos a nuestra casa, nuestros hijos resucitan. Caravana alegre es la caravana de la vida, de los milagros, de la esperanza, de la sanidad, de la resurrección. ¡Viva la caravana de la alegría! Cómo me gustaría estar ahora mismo con toda mi familia bailando entre la multitud que te sigue en la caravana festiva de la vida. Sin embargo, no. No es en esa caravana en la que estoy hoy. Estoy en la caravana del próximo verso.

"Cuando llegó cerca de la puerta de la ciudad, he aquí que llevaban a enterrar a un difunto, hijo único de su madre, la cual era viuda; y había con ella mucha gente de la ciudad.".
Lucas 7:12

¿Ves, Jesús, esta gran multitud? Participan en la ceremonia que establece el fin de la esperanza, el fin del esfuerzo humano y la ciencia; la caravana de la muerte.

El féretro que inaugura el estado de nostalgia donde comienza la experimentación de la vida, que tendrá que vivir con espacios vacíos, huecos, sin sentido, sin color, sin olor, sin sonidos, sin el objeto de nuestro más profundo amor. Caravana que sigue al difunto. Que celebra el comienzo de la victoria de la muerte, el fin del aliento, el comienzo de la descomposición; ya que debemos volver al polvo.

Aquí camino yo. La muerte ya se está mostrando más fuerte. Ya me ha dado sus golpes tantas veces que ya no puedo soportarlos. Me tambaleo en el anillo de la vida. Toda mi fuerza se desvanece. Ya estoy experimentando (desde hace dos semanas) lugares vacíos, espacios sin su presencia y su sonrisa. Las lágrimas persistentes y abundantes en mis ojos tiñen la vida de gris. Ya no existe el sonido de sus pasos. Ya no existe el sonido de su cántico al Señor. No oigo su voz diciéndome: "Palinho, Palinho, Palinho..."

Ya extraño tanto el abrazo de la noche y la mañana. ¿Dónde están sus patitas pidiendo caricias? ¿Cómo te extraño? Tu ausencia duele, con un dolor que nunca antes había sentido. Y si hoy fuese más fuerte, ciertamente sucumbiré.

"Y cuando el Señor la vio, se compadeció de ella, y le dijo: No llores." Lucas 7:13

a. "¡La vio!" ¿Vio el Señor a aquella madre llorando? ¿Viste su dolor? ¿Viste su desesperación? ¿Vio el Señor cómo su cabeza colgaba sobre su pecho? El peso de ese dolor era tan grande. El Señor lo ha visto, ¿no es así? ¿Será que tú también me ves? ¿Y mi esposa, esta madre que siente enormes pesos en los pies que la hacen arrastrarse por el camino doloroso y vacío de la presencia de su hijo? ¿Puedes verlo? ¿Si no soy yo, al menos ella? Míranos, Jesús, porque nuestra mirada está fija en ti. ¿No sientes nuestros ojos que disparan "chispas" que te queman como el fuego?

b. "Se compadeció de ella". Señor, he leído que la compasión significa "dolor en las entrañas". ¿Tuviste dolores en las entrañas por esa madre y ese joven en el ataúd?

¿Será, Señor, que nuestro dolor también te hiere? ¿Será, Señor, que te conmueve ver a nuestro hijo agonizando de dolor en esa cama? ¡Es obvio que sí, Señor! Lo sé. Allí, en esa cruda cruz, el Señor agonizó por todos nosotros. Sin embargo, ¿podría ese llanto que lloraste ante la muerte de Lázaro emerger de tus ojos hoy, otra vez, por nosotros?

c. Le dijiste a esa madre: "No llores". Lo sé, lo sé, lo sé, no fue una orden sino una señal de tu milagro que estaba por llegar. Aunque probablemente ella no sabía lo que iba a pasar. Señor, cómo me encantaría oírte decirme lo mismo. Mis ojos tienen ríos de lágrimas. Los embalses se desbordan y forman arroyos y charcos. Ya son tantas

derramadas, que en la eternidad no tendrás que secarme los ojos de lágrimas, de ninguna. Las estoy gastando todas estos días. ¿No le dirás lo mismo a la madre de mi hijo?

"Y acercándose, tocó el féretro; y los que lo llevaban se detuvieron. Y dijo: Joven, a ti te digo, levántate. Entonces se incorporó el que había muerto, y comenzó a hablar. Y lo dio a su madre." Lucas 7: 14-15

a. ¿Podrías, en estos días, tocar la cama dolorosa, febril y ensangrentada de mi hijo? ¿Podrías detener las ruedas de esa cama de hospital? Por favor, detenga la sucesión de eventos. Detén el furioso curso de las bacterias. Detén la casi indomable pérdida de sangre que se escapa por las puertas de la cirugía que se abrió. Detén el curso de la naturaleza. ¡Sólo por un momento! ¡Deténlo! ¡Deténlo! ¡¡¡Si me escuchas, deténlo!!!

b. "¡Joven, a ti te digo, levántate!" Señor, ¿puedes hacer esto? ¿Podrías hacerlo de nuevo? Mira, Jesús, piénsalo, el caso de Rafa es mucho más fácil que el del niño y mucho, mucho, mucho más fácil que el de Lázaro. ¿Pensaste? Entonces, puedes, pero, pero ¿lo quieres? ¿Por qué no me respondes? ¿Por qué actúas así? Tu silencio me hiere, me llena de amargura, dolor, ira hacia ti.

c. "...se incorporó y comenzó a hablar". "Sí, sí, sí." "(Eso, eso, eso)" (Ya escuché esto en alguna parte - El Chavo). Rafa necesita despertar, hablarme. ¿Sabes por qué? Porque después de tres paradas respiratorias (una de media hora), la medicina dice que el cerebro está dañado, ¿sabes? Entiendes la medicina, ¿verdad, Jesús? ¿Podrías hacer que se sentara y hablara? ¿Hablar, reír, pedir comida y volver a llamarme "Palinho"?

d. "...Y lo dió a su madre". Lucas 7:15 ¿Podrías devolverlo a su madre hoy? Señor, ¿puedes oírme? Señor, respóndeme, por favor. ¿Qué me dices? ¿Que los niños de este mundo solo están prestados por un tiempo? ¿Me estás diciendo que resucitó al hijo de la viuda y se lo devolvió a su madre solo para enseñarme lo que harás en la eternidad con nuestro hijo? ¿Es esto lo que intentas decirme? Allí los niños serán devueltos a sus madres para siempre. ¿Sólo allí? ¿Sólo allí será siempre?

Si esta es tu respuesta, permíteme permanecer en silencio por un momento mientras mi cabeza pesada cuelga sobre mi pecho y el piso se moja nuevamente con mi dolor. Sin embargo, ¡todavía sé que puedes!

Está bien (¡No! ¡No está nada bien!), ¡Jesús! Hágase tu voluntad como en el cielo donde un día nos volveremos a encontrar para siempre en la tierra (aquí en casa, en ese hospital, en nuestra iglesia, en nuestra ciudad).

Si tú, Señor, te llevas a Rafa a vivir contigo, ¿podría, quizás, cuando yo llegue allí después de algún tiempo, en el futuro, ser recibido en el cielo por ti y abrazado por él?

Sin embargo, si lo deseas, solo para que lo sepas, ¡aún deseo que esté aquí conmigo! No obstante, te lo devuelvo porque "lo mío" siempre ha sido tuyo.

"Y todos tuvieron miedo, y glorificaban a Dios, diciendo: Un gran profeta se ha levantado entre nosotros; y: Dios ha visitado a su pueblo." Lucas 7:16

a. "...Y todos tuvieron miedo..." Oro para que su voluntad

traiga convicción de pecado y temor a la ciudad, especialmente entre los brasileños que viven aquí.

b. "...glorificaban a Dios..." Haz de la vida de Rafael una herramienta que ayude a las personas a glorificar (adorar, alabar, creer en) nuestro Señor.

C. "...Un gran profeta se ha levantado entre nosotros..." Sé que esto fue una referencia a ti mismo, Jesús, sin embargo, si nuestra vida y nuestra muerte pueden tener algún significado en este planeta, haz de nosotros, de toda mi casa, un hogar cuyas vidas profetizan tu salvación.

d. "...y Dios ha visitado a su pueblo". ¡Visítanos también, Señor! Si lo deseas, acércate al hospital (te enviaré la dirección vía WhatsApp inmediatamente, inmediatamente), luego dirígete a nuestra casa y a toda

la ciudad. Concede, Señor, que por todo lo que nos está sucediendo, tu pueblo sienta tu visita.

Rafael corría un gran riesgo. Tenía neumonía, sinusitis, el apéndice inflamado, respiraba a través de máquinas y sin ninguna señal segura de que su cerebro estuviera sano. Parte de la cirugía se rompió (todos los puntos se abrieron) expulsando sangre. No había podido superar la fiebre hasta hoy. Los análisis de sangre no pueden encontrar la bacteria. Los antibióticos, hasta ayer, no funcionaron correctamente. Todavía existe una gran preocupación de que algún coágulo se escape de los brazos y vaya directamente a los pulmones. Grande es el milagro que esperamos. Grande es la hazaña que esperamos del Señor.

Rafael, estás en las manos (de donde nunca realmente saliste), las manos de Dios.

¡Si! Seguimos creyendo en ello, seguimos esperando, seguimos luchando, sólo volvemos a mirar hacia arriba.

¡Si! Nuestra fe también nos enseña (con un dolor inconmensurable) a pronunciar:
¡¡¡QUE SE HAGA LA VOLUNTAD DE DIOS!!!

La caravana de la MUERTE chocó con la de la VIDA y la caravana de la vida le ganó a la muerte, contagió a la muerte con vida y ambas caravanas se convirtieron en una sola caravana de ALEGRÍA, BAILE, ALABANZA Y VIDA.

Envíanos, entonces, una caravana de ángeles tocando trompetas, arpas y liras (incluso la batería porque le gusta mucho tocar la batería) para encontrar esta caravana que aún no ha invadido las calles de la ciudad, pero que ya presagia el itinerario del protagonismo, con algunas luces apagadas.

En mi caravana de miedo y dolor, estiro el cuello, afirmo mi mirada, agudizo mis oídos en la ansiosa expectativa de verte en la distancia.

Sin embargo, todo lo que percibía del Señor era una horrible impresión de muerte.

¿Qué diferencia hace que un cuerpo moribundo, como estaba yo, reciba otro golpe o caída más? ¿Me escuchas, Señor?

2 de mayo

El 2 de mayo de 2017, los médicos nos advirtieron: "Rafa está pasando por un shock séptico. Otro coágulo entró en sus pulmones, quitándole absolutamente cualquier posibilidad de vivir sin la máquina de oxígeno. Su cerebro

ha sido dañado profundamente. Nunca más podrá salir de la máquina de oxígeno. Las bacterias atacan de forma descontrolada y por lo tanto el choque séptico. No tiene más posibilidades. Ya no está aquí. No hay nada más que hacer".

Los médicos me dijeron que podía elegir entre mantenerlo en coma ... entubado y esperar a que las bacterias "hicieran su trabajo" o dejarlo ir. Mi respuesta, en gritos de dolor, al internista fue: "¡Doctor, por favor, déjelo ir! Doctor, déjelo ir ". Me pidieron que tomara la peor decisión de mi vida. Solo yo podía autorizar que las máquinas fueran apagadas, y dejarlo ir a los brazos del Señor. Fue la experiencia más dolorosa de mi vida. Rafa fue desconectado y sus pulmones obstruidos se detuvieron casi de inmediato, sin embargo, su fuerte corazón siguió latiendo durante una hora y media hasta que se detuvo.

Mi hija Camila y yo acompañamos a Rafa en sus minutos finales al son de himnos de alabanza. Camila sostenía una de sus manos y yo la otra. Llorábamos, en medio de las caricias en su rostro y besos que mojaban su pecho con nuestras muchas lágrimas. Estábamos esperando el momento del último aliento que inauguraría su entrada en el umbral de la eternidad, y, para nosotros, el comienzo de una vida experimentada en las calles cuyas casas, árboles, pájaros, personas y edificios están pintados de gris oscuro.

Estábamos a sólo minutos de experimentar el amargo sabor de la ausencia y las contorsiones de nuestras entrañas en el ambiente vacío, lúgubre y horriblemente silencioso en una geografía a ser experimentada sin nuestro amado.

Una hora y media después, respiró por última vez y se durmió, se durmió, se durmió. Frente a mis ojos, en mi abrazo, entre besos y lágrimas. Lágrimas que aún fluyen abundantemente, ahora mismo, mientras escribo estas líneas.

¡Hoy, 2 de mayo de 2017, a las 9:30 de la noche, nuestro hijo Rafael, de 31 años y siete meses, cambió su dirección! ¡Se fue a vivir con el Señor Jesús! ¡Jesús nos prestó un ángel y, ahora, se lo llevó de vuelta a casa!

¡Adiós, hijo! ¡¡¡Un día nos volveremos a encontrar y, entonces, será para siempre!!!

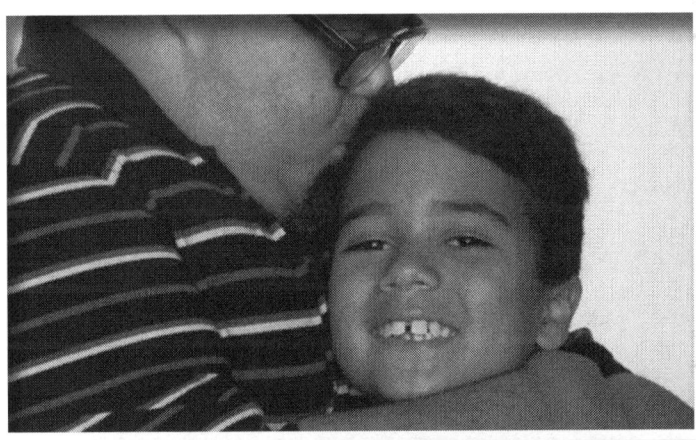

6. EL APLASTAMIENTO EN GETSEMANÍ

Dios y su hijo, yo y el mío hijo: significado y propósito

Allí estaba yo, la noche siguiente a la partida de nuestro Rafael tratando de sentir (entender, saber) algo de Dios. Qué presunción la mía.

Señor, Señor, Señor de mi vida. Señor de mi casa. Señor de mis posesiones. Señor de este universo creado y sostenido por ti. ¡Señor mío y Dios mío!

Cuando tu hijo Jesús estaba en el monte de los Olivos, fue a orar inclinado sobre una piedra llamada "Getsemaní". Sé que Getsemaní no es un lugar sino una piedra. No es el nombre de un pueblo, un barrio, un pueblo o una ciudad. Es el nombre de una piedra. Getsemaní (Gat Shmānê, literalmente: "molino de aceite").

Es una piedra - hoy hay un templo allí - ubicado al pie del Monte de los Olivos, en Jerusalén - Israel, donde se cree que Jesús y sus discípulos oraron la noche antes de su crucifixión.

Según el Evangelio de Lucas, la angustia de Jesús fue tan profunda que su sudor se convirtió en grandes gotas de sangre que cayeron al suelo.

"Y estando en agonía, oraba más intensamente; y era su sudor como grandes gotas de sangre que caían hasta la tierra.". Lucas 22:44

Las piedras del molino tenían una forma especial para recibir muchos sacos con el fruto del olivo. La primera bolsa recibía sobre sí misma el peso de 5, 6 ó 7 bolsas que se colocaban sobre ella para que la de abajo fuera triturada lentamente dando el primer aceite súper extra puro. La extracción era lenta y dolorosa. La lentitud de la trituración era la única garantía de extraer el aceite de oliva más puro, caro y sabroso.

Allí, tu Hijo Jesús se inclinó y ya no soportando el peso (de los pecados de toda la humanidad), comenzó a ser aplastado. El sufrimiento de Jesús no comenzó cuando fue encarcelado. Comenzó en el cielo por tener que dejarlo por mi causa y, luego, en el embarazo "absurdo" e "inaceptable" de una joven aún no casada - virgen - entonces, su sufrimiento continuó porque no había lugar donde Él podría nacer.

En ese día, en el Monte de los Olivos, cuando te inclinaste sobre esa piedra, entonces, el peso de mis pecados sumado a los de toda la humanidad te aplastó lentamente. Fue una tortura cuyo dolor era innombrable. Tú, mi Señor, al ser torturado y aplastado lenta y dolorosamente comienzas a liberar tu esencia más pura y preciosa. De tu sudor salieron grandes gotas de sangre que cayeron al suelo. Ahí, Señor, derramaste tu sudor, tu sangre por el lento y doloroso aplastamiento que estaba sobre tus hombros.

Esas primeras heridas fueron la medicina que me curaría de todas las enfermedades cuya fuente es el pecado.

"Mas él herido fue por nuestras rebeliones, molido por nuestros pecados; el castigo de nuestra paz fue sobre él, y por su llaga fuimos nosotros curados.". Isaías 53:5

Hiciste algo similar con Abraham cuando le pediste a su amado hijo, Isaac. Dejaste que Abraham subiera al monte con su hijo, que le preguntó dónde estaba el animal para el sacrificio. Abraham sabía quién sería sacrificado. Sin embargo, no tuvo el corazón para contárselo a su hijo. Entonces, en el momento del sacrificio, justo cuando con extrema violencia el cuchillo estaba a punto de sacrificar a su hijo, tomaste la mano de Abraham. Ofreciste el cordero allí, un símbolo de tu hijo que vendría más tarde como el Cordero de Dios que quita el pecado del mundo. ¡Le devolviste a Abraham su hijo!

Hiciste algo similar con el hijo de la sunamita al devolverlo a su madre. Hiciste algo similar a Talita devolviéndola a sus padres. Hiciste algo parecido al niño muerto, hijo de la viuda de Naim, se lo entregaste a su madre. Hiciste algo similar con Lázaro, se lo entregaste a sus hermanas.

No me hiciste lo mismo a mí ni a la madre de mi hijo. Sé que lo harás en la eternidad cuando estemos todos juntos. Lo sé. Pero, aquí, en esta tierra, en este mundo, Señor, has elegido no hacernos lo mismo. ¿Por qué no a nosotros? Yo no sé. Ni siquiera sé si necesito saberlo, ¡solo sé que Tú eres Dios! ¡Tú eres Dios!

De hecho, Señor, no hiciste lo mismo con el niño encontrado muerto en la playa tratando de huir de su país en la guerra. No hiciste lo mismo con los cristianos coptos de Egipto decapitados por Isis. No hiciste lo mismo con los niños sirios que murieron por armas químicas. ¡No! No hiciste lo mismo. ¿Por qué será? Ni siquiera sé si necesito conocer tus motivos y planes. ¡Tú eres Dios! Tú eres Dios!!

¿Y yo y mi hijo? ¿Qué pretendías hacer con nosotros, Señor y Dios mío, al aplastarnos en esa lentitud espantosa y agonizante durante esos quince días en el hospital?

Aplastaste a Rafael. Un ser puro que creyó en Ti, un intercesor, un adorador genuino. Uno que amaba tanto la vida.

Le encantaba cantar, sonreír y bromear con la gente. Rindió homenaje a las madres y los cumpleaños. Se acordó de todos y le envió sus mensajes llenos de amor y sencillez. Nunca peleó, ni atacó a nadie. ¡Fue la candidez vestida de niño!

¿Qué querías, Señor, al aplastarlo tan lentamente? Señor, Señor, no sólo lograste extraer de él un aceite puro, sino su misma vida, su alma, su ser. Todo en él y él mismo fue destilado por el indomable aplastamiento que cayó sobre su cuerpo.

Estuviste y siempre tienes el control de todo, ¿verdad? ¡Tú eres Dios! ¡Tú eres Dios!

Entonces, puedo culparte por todo lo que le has hecho a mi hijo, ¿verdad? Eres responsable de todo esto. ¡Eres tú! ¡Eres tú!

¿Era eso? ¿Era el alma de Rafael lo que querías? ¿Era eso? Entonces (aquí está la criatura tratando de discutir con su Creador), ¿por qué no lo hiciste dormir?

¿Era necesario aplastarlo así? ¿Era necesario? Dime, ¿lo fue? Los gritos de dolor, miedo, espanto y confusión que se apoderaron de él antes del paro respiratorio en mis brazos. Al verlo preguntarme gritar: "Papá, papá, tengo miedo, me duele la cabeza, ayúdame, ayúdame, ayúdame..." Cuando ya no pudo hablar más, me golpeó fuerte en el pecho con toda la fuerza que pudo, pidiendo desesperadamente ayuda (que no le pude dar). No pude brindarle tal ayuda. No pude liberarlo porque sus ojos desesperados y temerosos hirieron mis propios ojos y mi corazón.

Esta impotencia me consume entre acusaciones, culpa, fracaso y derrota. Fue la embolia pulmonar la que lo atacó sin piedad.

Por supuesto que siempre has tenido el control. Pero, ¿y yo? Estabas allí sereno, en paz, con todo bajo tu más absoluto control. Parecías un verdugo cósmico. ¿Cómo voy a manejar todo esto dentro de mí?

Entonces, Rafinha se detiene frente a mí, en mis brazos. Y luego tiene un paro cardíaco, y otro y otro...

Todo esto fue terrible de ver y experimentar. Los peores

momentos de horror y miedo, desesperación y gritos que mi esposa y yo jamás hubiéramos pensado en experimentar, ver y vivir con el objeto de nuestro amor.

Dime, Señor, ¿cómo te sentiste? ¿Era como el dentista que hiere para curar? Si el dentista tuviere misericordia, ¿le devolverá al paciente su dolor agudo? ¿Era eso? Entonces, ¿dónde está la sanidad? En la lucha por la supervivencia, nuestro hijo fue golpeado por neumonía, apendicitis, sinusitis y bacterias - superbacterias - eventualmente, tuvo otra neumonía. Fue el golpe fatal para él. Señor, sé que tenías el control. ¡Tú eres Dios! ¡¡Tú eres Dios!! Pero, ¿qué hay de mí? ¿Cómo manejaré esto? ¿El Dios que dice amarme a mí y a mi hijo lo tortura con heridas constantes una tras otra y una herida creciente e indomable?

¿Me amas? ¿Es realmente cierto que si te lo pedimos en tu nombre, lo harás? ¿Qué si llamamos la puerta se abrirá? ¿Por qué, para mí, Señor, la cerraste, me golpeaste en la cara y le diste dos vueltas a la llave (pude oír la llave girar en la cerradura)? Apagaste las luces de tu casa para hacerme entender que no había nadie. Entonces, ¿qué querías en mi casa? ¿No entendiste, Señor, que aplastando a Rafael en la piedra de Getsemaní de ese hospital nos aplastabas a todos en nuestra casa? Por supuesto que lo sabías. Pero ¿no había otra forma de aplastarnos? ¿No?

¿Qué quieres extraer de mí? Nada bueno, supongo, ya que no hay nada bueno en mí. A menos que (casi sospecho) quisiera extraer solo lo que tengo: malicia, engaño, mentira, rabia, odio, egoísmo, codicia, pereza, etc. Quién sabe si quisiste extraer de mi alma también las ganas de éxito, la fama, el aplauso y el reconocimiento. Ahora te pregunto: ¿Para qué? ¿Para qué extraer toda esta basura bien escondida en los oscuros y fríos sótanos de mi mente? ¿Por qué iluminar todos estos laberintos deshabitados, repulsivos, fétidos que componen la esencia de mi ser? Todos esos rincones profundos y oscuros de mi ser que ya había cubierto, dotado de una capa de tinte, decorado y embellecido con adornos y máscaras de mi religiosidad.

Todo estaba en silencio, silenciado muy bien. ¿Por qué querías ir allí? Y lo que es peor, ¿por qué querías sacar todo esto?

¿Sería para avergonzarme delante de la audiencia que observa el aplastamiento?

¿Sería para destruir mi reputación y redimir mi carácter? ¿Sería para destruir mi religiosidad y construir mi espiritualidad? ¿Sería para corroer mis motivaciones egoístas (muchas veces pensando en lo que obtendría a cambio) cuando estaba sirviendo a los demás esforzándome, obligándome a servir con un amor genuino que se entrega por amor a Dios y por amor a las personas? ¿O sería para enseñarme que toda mi compasión en estos 35 años como pastor no ha sido una compasión legítima, verdaderamente humana, verdaderamente espiritual y santa?

¿Podría ser que toda mi compasión por la tragedia de la humanidad fuera solo un papel que desempeñé debido a mis vestimentas sacerdotales? ¿Podría haber sido esto?

A pesar de esto (audazmente) te pregunto: ¿No había otra

forma? ¿No podrías haberme aplastado solamente a mí? ¿Sin tocar a tu ángel que por tan solo 31 años vivió en nuestra casa?

Aplastándolo como lo hiciste en ese "Getsemaní", Señor, hasta el punto de llevarlo a vivir contigo. Y ahora, me sigues aplastando ... ¡me sigues aplastando!

Los lugares vacíos de mi hijo me aplastan. Su habitación sin ruido y sin música me aplasta. La ausencia de su voz me aplasta. El no escuchar su voz, su risa y su canto me aplasta. Ver un simple objeto que le pertenecía, me aplasta. No recibir esas llamadas de él preguntándome:

"Palinho, ¿ya vienes a casa? ¿Te vas a demorar, Palinho?" El teléfono está en silencio por su voz y esto me está aplastando, matándome.

¿Hasta cuándo, Señor? ¿Hasta cuándo, mi Señor, mi Dios? ¡Tú eres Dios! ¡Tú eres Dios!

Te di a mi hijo cuando decidí apagar las máquinas que fingían que existía la vida. Por esta cosa, este gesto, me culpo cada segundo.

Te entregué a mi hijo en la montaña de la dolorosa adoración, viéndolo lentamente dejar de respirar y su corazón de latir, mientras lo abrazaba en medio de gritos de miedo y horror. Verlo detenerse lentamente ... una vez más ... en mis manos. No por mi voluntad, sino por mi consentimiento.

¿Cómo crees, Señor, que podré manejar esto? ¿Cómo, por amor a ti mismo, dime?

¿Como? ¡Tú eres Dios! ¡Tú eres Dios!

Ahora, lo que me queda soy yo, o casi un yo, que a ti se entrega, ahora, como lo hice ayer y como lo haré mañana. Lo que queda de mí, sin apariencias, sin túnicas sacerdotales, sin máscaras, sin las posturas sociales / políticas / religiosas recomendadas. Solo un remanente de mí.

Si esto es lo que querías lograr, aquí, ¡toma lo que queda de mí para ti! Y eso también porque nadie querrá jamás a una persona que ya no sea social, política o religiosamente aceptable.

En cierto modo, "me regocijo" por esta "libertad" de ser sólo lo que soy, lo que queda.

El Señor lo dio, y con tanto gozo lo tuvimos, el Señor lo tomó (de una manera extremadamente dolorosa).

¡Al Señor, de la manera más intensa y con plena gratitud por el privilegio de haber sido los padres de Rafael, sea toda la gloria hoy y siempre! ¡Amén!

Me gustaría terminar esta charla (hoy) parafraseando a Tu Hijo, Jesús de Nazaret:

"Padre, ¿por qué me has abandonado?"

Sabes, Jesús, supongo que fuiste abandonado por tu razón de vivir, tu propósito en este mundo: ser nuestro Salvador, ¿verdad?

¿Pero yo y mi hijo? ¿Salvarás a alguien a través de todo esto? ¿Será? De esa audiencia de más de 1,200 personas en la fiesta de la vida en memoria de Rafael,

¿salvarás a alguien? Entre las más de 15,000 personas que ya han visto esa celebración a través de Internet, ¿salvarás a alguien? ¿Harás algo por alguien?

¡Tú eres Dios! ¡¡Tú eres Dios!! ¡¡¡Mi señor, mi Dios!!! Tú, Dios, y tu Hijo, Jesús ... yo y mi hijo ... ¡razón y propósito!

Tu sei Dio! Tu sei Dio!! Il mio Signore, il mio Dio!!! Tu, Dio, e Tuo Figlio, Gesù ... io e mio figlio ... ragione e proposito!

UN ÁNGEL HABITÓ EN MI CASA

7. LA EXPERIENCIA DEL **DOLOR POR PERDER UN HIJO**

Todavía no puedo decir qué es el duelo para mí. Tres meses después de la partida de nuestro hijo, apenas estamos tocando el duelo con las yemas de nuestros dedos. Me gustaría decir (audazmente) cómo me siento frente a lo que "clásicamente" se conoce como el ciclo del duelo.

De manera casi general (manteniendo las pocas diferencias o matices), los autores sobre el duelo narran cosas que consideran parte de las fases del duelo.

Mi experiencia (que obviamente puede ser única y privada) al lidiar con la experiencia de la separación de un hijo está marcada por una gran confusión y una mezcla de sentimientos.

En mi proceso de "desprenderme", no estoy pasando de una fase a otra como presuponen las llamadas "fases del duelo". Al contrario, todas las "fases" se mezclan dentro de mí. Adormecen mis ideas, confunden mis ojos, me hormiguean los dedos, debilitan mis piernas (me duelen mucho). Mi disposición a leer (normalmente leo dos o tres libros al mismo tiempo al mes) desaparece y regresa instantáneamente, repetidas veces a la semana.

Sentimientos de culpa, rebelión, amargura e ira contra Dios alimentan mi carne y, en ciertos momentos, son los sentimientos que me acercan más a mi hijo en una relación amorosa extraña, enferma y disfuncional.

La desesperación fomenta el abandono del cargo de pastor. Especialmente cuando se trata de los momentos de alabanza en la iglesia. En tales ocasiones, es como si lo "viera" cantando y bailando como él siempre lo hacía. Entonces, un terror espantoso y un intenso deseo de desistir de esos momentos reina sin resistencia en mi corazón y mi alma. Mis tripas se retuercen cuando trato de parecer pacífico frente a los demás.

Incluso el dolor agudo me pone en absoluta incomodidad frente a personas que me buscan para ser aconsejados por mi. De tal manera que, por momentos, parece que no recuerdan mi dolor o creen que por ser pastor ya estoy "bien" (mi afán por estudiar y tratar de comprender el alma humana, de escuchar el dolor ajeno siempre ha sido una de mis mayores pasiones en la vida).

Cuando empiezan a hablar, me sorprendo comparando su dolor con el mío. Me vuelvo impaciente internamente, atacado internamente.

Personas que necesitan cosas como: "Me preocupa que mi esposa no deje de gastar. Estoy buscando un trabajo. Estoy

orando por una casa nueva. Necesito comprar un auto. Mis hijos no obedecen. Quiero encontrar novio, etc. " Tengo que esforzarme mucho (este esfuerzo agota mi fuerza física y mental, agotando totalmente mis energías) para escuchar con amor, pasión, respeto y empatía a las personas frente a mí. Después de todo, todo dolor es intenso, porque el cuerpo humano, a la menor exposición al dolor, reacciona de una forma que lo abarca todo. Entonces, incluso si el dolor puede ser menor que el mío, la reacción que desencadena el cuerpo es absolutamente total. Por tanto, el dolor de cada uno de nosotros es absoluto y totalizador porque la reacción es total. He aprendido que, lamentablemente, no lo soy, no lo he sido y no seré el único en experimentar este tipo de dolor. Dolor colosal.

Hoy, he aprendido (absolutamente en contra de mi voluntad), que puedo decirles a las personas que pasan por esta experiencia: "¡Creo que te entiendo!"

Desde el primer día, he querido aislarme de todo y de todos. De hecho, a veces deseo que el mundo deje de vivir, sonreír, celebrar. ¿Será que nadie entiende que mi hijo está muerto? ¿Cómo se ríen, van a restaurantes, parques de Orlando, van a teatros y partidos de fútbol? ¡Paren! ¡Paren! ¡Paren!

Hoy, tres meses después de la muerte de mi hijo, quiero que la gente viva normalmente.

Quiero que el mundo abra las puertas de los bares, restaurantes, teatros, estadios de fútbol y parques de la ciudad.

¿Por qué necesitamos (o simplemente queremos) aislarnos?

Desde los primeros días experimentamos una aterradora sensación de habernos convertido en una especie de detonante del "malestar ajeno".

Cuando llego o llegamos como pareja a cualquier lugar, las personas "se sienten como pez fuera del agua". Se sienten avergonzados. Se sienten incómodos. No saben qué decir, no saben qué hacer. Parece que puedes leer sus pensamientos: "¿Debería levantarme? ¿Debería ir con él? ¿Qué digo? ¿Lo abrazo? ¿Puedo seguir comiendo? ¿Puedo continuar mi divertida conversación con mis amigos? ¿Debería fingir que no lo he visto? ¿Será que tengo que ponerme una cobertura (máscara) de solemnidad en mi rostro? "

Parece que cuando otros padres me miran tienen miedo y horror ante la posibilidad de perder también a sus hijos. Quieren evitarme porque me he convertido en un anuncio (una valla publicitaria ambulante) de la posibilidad de una tragedia. Parece que la gente tiene miedo de contagiarse de mi "desgracia". Sé que todo esto puede parecer sólo una apariencia, pero así es como me siento a veces.

En estos momentos, ocasiones y ambientes, nos vemos tentados a huir, a desaparecer, a aislarnos de todo y de todos.

¿Aceptar los hechos? Despertar del mal sueño y comprender que no fue un mal sueño sino la más dura realidad, duele. Rafa se ha ido. Ya no existe en este mundo. No me volverá a llamar para preguntarme: "Palinho, ¿ya vienes a casa?".

116

Intento escuchar los cielos (como en la película: Horton Hears a Who - ese elefante sosteniendo una pequeña flor que contenía un mundo diminuto con gente pequeña tratando de ser escuchada y escuchar lo infinitamente más grande). Intento escuchar la voz de Rafa diciéndome: "Palinho, estoy bien. Todo está bien. Te espero en casa. Aquí en casa. Nuestro hogar eterno ".

La aceptación se debe a que no hay otra posibilidad. Aceptar o aceptar. Una aceptación repugnante y poco convencional, como: "¿Qué puedo hacer?"

¿Paz, socorro, restauración, reconstrucción? ¡Sí! Pero, porque no hay otro camino. No hay otra forma de salir adelante, de seguir en las aceras de la experiencia diaria de la vida que queda. El resto de nosotros que nos queda.

No me gusta vivir sin mi Rafa. Su falta me destruye. Destruye el deseo de ser y de vivir. En los momentos agudos llega el consuelo que nos garantiza horas de alivio, un poco de fuerza, un poco de esperanza para nosotros. Esperanzas de aprender a vivir esta nueva etapa de nuestra vida. Esperanza de encontrar el rumbo existencial, encontrar el (nuevo) sentido de la vida.

No quiero ser fuerte, ni firme ni valiente. No soy un superhumano. No soy una especie de personaje de "Marvel" de la fantasía religiosa que enseña que el pastor es un hombre con habilidades sobrenaturales. ¿Fantasía que me convierte en un ser insensible al dolor, indiferente al amor, dueño de un órgano sexual amortizado por alguna "poción mágica" que se encuentra en los estantes de la comunión divina?

¿Negando la creación del Creador y, en consecuencia, negando al Creador de la creación?

No soy y nunca querré ser una figura del folclore religioso evangélico como los que imprimen una sonrisa patética en el rostro como las estatuas de cera en un museo surrealista (como el museo Madame Tussauds) en los pueblos evangélicos, embrutecidos con fantasías inventadas, quién sabe cuándo y o por quién, del super pastor o el super humano.

Quiero ser una persona de carne y hueso. ¡No! ¡No! No soy ni fuerte ni firme. Estoy sin fuerzas y debilitado. ¿Por qué, ¡por el amor de Dios!, la gente quiere que sea fuerte y firme? Las escrituras dicen que "cuando soy débil, entonces soy fuerte" (2 Corintios 12:10). Entonces, ¿por qué ahora que el Señor me ha concedido la gracia y el privilegio de ser débil en mí y fuerte en él, la gente quiere quitarme el privilegio de la humanidad cruda y real de ser y permanecer sin fuerzas, debilitado?

Quiero llorar todas las lágrimas, gemir todos los gemidos, gritar todos los gritos hasta perder toda la fuerza en mí.

Solo cuando llega el final es posible empezar de nuevo.

Esas clásicas "etapas del duelo" conmigo son más o menos así: he descubierto que el duelo no se divide en fases lógicas. No es así para mí. No se progresa del shock, del trauma de ver a tu hijo dejar de respirar en tus brazos pidiendo ayuda y no pudiendo dársela. No pasamos simplemente de una fase de rebelión a la desesperación, después la retirada y

entonces a la comprensión y la aceptación.

Todo es muy bonito, "romántico", lindo, sin embargo, teórico, al menos en mi caso.

Lo que se siente es una mezcla abrumadora y alucinante de todos esos sentimientos. Todo al mismo tiempo, sin lógica, sin orden, sin piedad de nosotros.

Dolor, rebelión, ansiedad, rechazo, angustia, depresión, sufrimiento, culpa, ira y deseo de encontrar culpables, aislamiento, resignación, apatía, soledad, deseo de renuncia, pensamientos de muerte, deseo de muerte. La no aceptación del hecho, rebelión contra la irreversibilidad del hecho y la rebelión contra Dios, se convierten en una sopa con sabor a hiel, que hay que tragar todos los días.

En este momento, ya han pasado tres meses desde que mi hijo gritó de miedo y dolor pidiendo una ayuda que no pude darle. Tres meses que ya no escucho su voz, sus canciones, su risa. Ya no tengo sus abrazos y ni siquiera su encantadora compañía. Todo este dolor, trauma y todas estas ausencias apuñalan mi corazón y mi mente con su falta haciendo imposible que la llamada última fase del duelo se acerque a mí.

¿Comprensión, paz, alivio y restauración? No, aún no. ¿Será que mi inmenso (casi infinito) amor por mi hijo me autorizará a volver a ser feliz? ¿Cómo si nada hubiera pasado? ¿Cómo si yo no lo hubiera amado como lo amé y lo amo?

8. MI OPINIÓN (HOY) SOBRE LOS LIBROS QUE NARRAN CASOS SIMILARES

Obviamente, no he leído todos los libros sobre la pérdida de un hijo. Sin embargo, de aquellos que he leído (que cuentan la historia) y que dan testimonio de los hechos de aquellos que ya han perdido a un ser querido, especialmente de padres que perdieron un hijo, he aprendido que cada caso es diferente y único.

Y el testimonio o la historia de cada caso, quizás, solo quizás, ayude en casos idénticos. A pesar de esto, las personas, las parejas, reaccionan de diferentes formas.

No es la mejor ayuda, en estos momentos, escuchar o leer las historias de otros casos similares. Casi siempre, escuchar otras historias de pérdida solo aumenta el dolor y la rebelión. La comparación con el dolor de uno es casi inmediata.

Terminamos encontrando las diferencias de cada caso con su propia situación de pérdida.

El mejor consuelo, la mejor ayuda, es estar cerca de quienes han sufrido esta pérdida y están disponibles para escuchar. No hablar. Sólo escuchar.

Los testimonios y las historias documentadas son más útiles para los propios autores porque descargan y "documentan" su amor por quienes se han ido. También podrán haber terapeutas que tengan un amplio conocimiento de las diferentes reacciones. La ayuda a otros padres es muy pequeña en la mayoría de los casos cuando, en medio de su dolor, son incentivados a leer sobre la pérdida de otras personas.

Creo que una historia, un testimonio o un libro sobre "perder un hijo" servirá principalmente para que los padres sepan que todos esos sentimientos son normales.

Cuando damos "consejos" sobre cómo superar, vencer y adaptarnos, en la mayoría de los casos, solo aumentamos el dolor de esas personas. Porque, más allá de todo lo que sienten, se sienten frustrados de no poder superar su propio dolor. Y, en el peor de los casos, las parejas se sienten culpables. Se sienten culpables porque no pueden superar el dolor. También hay quienes se sienten extremadamente ofendidos cuando tratamos de ayudarlos a superar el dolor. Interpretan la ausencia de dolor como si fuera una declaración, un testimonio de que el amor que sentían era demasiado pequeño porque el dolor pasó rápidamente. Yo mismo ya me sorprendí pensando que mi dolor debe ser para siempre, siempre gigantesca, que debe ser tan grande como mi amor por mi hijo. Evidentemente este no es el caso. Sin embargo, eso es lo que muchos sienten.

Al intentar hacerles saber de otros casos o de ayudarlos a

"superar" su dolor, sienten que estamos violando lo que consideran más sagrado.

Al escribir este libro, sobre Rafa y mi dolor, mi intención no es consolar, sino mostrar cómo es mi dolor. La anatomía de mi dolor.

El propósito del libro, es decir: cada uno sufre a su manera, en su propio tiempo.

¡Tu historia de vida es sagrada! ¡Es sólo tuya!

Los libros y los cuentos deben ayudarnos a comprender que hay una manera multiforme de vivir el luto, de experimentar el dolor y la confusión de sentimientos.

¡El gran papel de los libros y las historias de otros padres que han perdido a un hijo debería ayudarnos a no "encajar" a nadie en un proceso de terapia única! Me veo enriquecido por todo lo que he leído. Sin embargo, la principal bendición al leer y escuchar otras historias ha sido descubrir que no existen patrones universales ni sufrimiento, mucho menos procesos terapéuticos que sean buenos para todos.

Los títulos de la mayoría de los libros deben cambiarse de "Cómo superar", "Cómo ganar", Cómo curar ", etc. (estos títulos ya son una agresión incluso antes de abrir el libro) a títulos como: "Mi dolor", "Mi historia de amor y nostalgia", "Nostalgia" o cosas similares.

¡Muchos libros nos ayudan a comprender que nuestro dolor y nuestra reacción personal no están mal!

La forma en que una persona supera, gana y reconstruye su vida nunca será la norma para los demás.

En mi opinión, el propósito de todos los libros que cuentan la historia de la pérdida de otras personas debe ser: sufrir tu duelo con libertad, no reprimir tus sentimientos, darte tiempo, todo el tiempo que quieras para encontrar tu nuevo camino y aprender a vivir con tu dolor.

CONSIDERACIONES FINALES

¿Y AHORA?

Rafael siempre fue mi compañero. Siempre iba conmigo a la oficina. Los días en que no venía me seguía llamando: "Palinho, ¿ya estás viniendo a casa?", "Palinho, ¿ya llegas?". Una, dos, tres y hasta cuatro veces me llamaba preguntando si ya regresaba.

Cuando estoy de camino a casa, me quedo con el teléfono en las manos esperando su llamada que nunca llega y que nunca llegará. Conducir mi coche y colocar mi mano derecha en la palanca de cambios sin su mano izquierda apoyada en la mía me duele demasiado.

Ir a la iglesia y ver el lugar donde siempre se sentaba ahora vacío me duele. Caminar por los pasillos y los salones de la iglesia vacíos de él, me duele.

El silencio en casa, sin sus cánticos, su lugar en el sofá, vacío. ¡¡¡Duele demasiado, duele demasiado!!!

¡Cuánto lo extraño, cuánto lo extraño!

Hoy nuestro corazón acoge una paz inconmensurable (mezclada con miedo e inconformidad) y un vacío de la misma medida.

Hay momentos de densa oscuridad a nuestro alrededor marcados por un espantoso silencio. Momentos en los que el recuerdo de los días en el hospital nos aplasta con tanta crueldad que pensamos que será imposible de soportarlo.

En medio de la oscuridad y el silencio, en medio de los truenos que moran en las tormentas de nuestra mente, aparece nuestro Señor tomándonos de la mano, dándonos un poco de fuerza para dar el siguiente paso, ayudándonos a mirar hacia adelante, llenando nuestro corazón de paz y un poco de alegría.

Nuestra oración a Dios, cada segundo, es que el Señor nos enseñe a vivir en los días venideros, un día a la vez.

Los días, semanas y meses de densa oscuridad, en una especie de oscuridad existencial, como cuando lo probamos en los primeros meses de vida de Rafa, los estamos volviendo a experimentar. De nuevo estamos viviendo a tientas, aturdidos, lesionados, heridos, enfermos, inconformes y rebeldes.

Estamos viviendo nuestro segundo duelo.

Hace 31 años y 7 meses tuvimos que enterrar a nuestro

hijo idealizado y experimentar los dolores y confusiones del duelo. En estos días en que hemos enterrado al niño realizado, volvemos a experimentar los dolores y las confusiones mentales del duelo.

Hace 31 años y 7 meses aprendimos a cuidar a un bebé. Nos adaptamos al hecho de que teníamos un bebé. Normalmente, engendramos hijos, los educamos, los enviamos a la universidad, los casamos y conocemos a los nietos. Con Rafa fue diferente. Un poco sin darnos cuenta (o fingimos no darnos cuenta), Lucia y yo orbitamos alrededor de él. Nuestra razón de vivir fue su dependencia de nosotros. De repente, nos lo quitan. ¿Y ahora? ¿Cómo se vive sin él? ¿Cómo encontrar el sentido de la vida en medio de esta oscuridad existencial?

Hemos iniciado el camino del nuevo aprendizaje. Lucia vivirá sólo para mí. Y yo viviré sólo para ella.

Sin embargo, ¿cómo no llorar en la cama por la ausencia de sus abrazos? ¿Cómo te vas a la cama y no mantienes los ojos en la puerta de nuestra habitación adoloridos de extrañarlo sabiendo que ya no entrará como todas las noches para besarnos, abrazarnos, preguntarnos si tendremos sexo esa noche y luego volver a besarnos y decir: "¡Buenas noches, Palinho! ¡Buenas noches, Mamita!"

Hace 31 años y 7 meses estábamos en los senderos oscuros pisoteando el terreno de la experimentación de la vida rodeados de oscuridad. Poco a poco fuimos guiados. Poco a poco, la oscuridad dio lugar a la luz. Poco a poco, nuestro camino una vez tortuoso y doloroso fue tomado por la luz, por la alegría y las fiestas, por las caricias y el amor que nos embriagaba.

Nuestra esperanza es que una vez más, una vez más, el Señor disipe la oscuridad y haga brillar una luz que ilumine nuestra mente y corazón ayudando a nuestros ojos a encontrar una nueva razón para vivir, un nuevo sentido a la vida.

¿Será que ahora que nos enfrentamos al dolor opresivo de la carencia, el Señor también nos ayudará? ¿Será que en estas calles envueltas en tinieblas, en estas densas tinieblas, el Señor nos guiará de nuevo?

¡Nosotros lo creemos! ¡Nosotros lo creemos! Necesitamos que así sea.

Pues, el dolor, la falta, la inconformidad, la rabia, el sentimiento de no haber podido ayudar, todo esto me atormenta con la idea y el deseo de que el Señor acorte mis días en la tierra porque de esta manera las puertas de la eternidad se abrirán y me ofrecerán un encuentro temprano con el amado de mi alma.

Cuando el dolor aplasta todo dentro de ti, nuevamente el mundo que te rodea se vuelve opaco, descolorido, insípido, perdemos las ganas de seguir existiendo. La depresión se aloja en el alma, la mente y el corazón. Depresión mentirosa que nos engaña presentándose como buena, acogedora y amigable, sin embargo, en realidad, no es el antídoto del dolor, sino un veneno que aumenta el dolor.

Señor, yo creo, espero, necesito, quiero que me devuelvas

128

la vista, el oído, el paladar para que pueda volver a ver el mundo con los colores, aromas, sabores y sonidos de la alegría.

¡Cómo me encantaría volver a danzar! Todavía tengo los pies rotos. Todavía tengo las piernas desgarradas. Mi espalda todavía está encorvada, mi cabeza todavía cuelga sobre mi pecho. ¿Cómo puedo danzar así? ¿Qué otro baile sino el de la nostalgia? ¿Puedo danzar así?

¿Me ayudarías, Señor? ¡Estoy seguro de que sí! ¡Estoy seguro de que sí!

LOS CIELOS

¿Qué sabemos del cielo? ¡Muy poco!

La Biblia dice que Rafa duerme en el Señor. La Biblia dice que los muertos resucitarán y los que estuvieren vivos, en el día del regreso del Señor, estarán juntos nuevamente por toda la eternidad.

No sé cómo es el cielo. Creo que el Señor nos permite "formar" (inventar un analgésico para nuestras incertidumbres) una expresión perfecta del cielo a partir de las cosas que nos gustan aquí.

Entonces, tomándome la libertad de convertirme en un "inventor" de mi cielo, puedo verlo tocando la batería en una banda de alabanza, yendo a todas las cadenas de restaurantes en el cielo.

Ya no lo veré como un "bebé" sino como un hombre fuerte, hermoso y perfecto. Allí, en el paraíso, podré tener mi coche BMW Z-3 1998 en "perfecto estado". Rafa paseará por el cielo conmigo (a toda velocidad porque allí no te mueres, así que iremos a toda prisa), con la capota abierta y los brazos en alto. Cuánto nos reiremos mientras hacemos esto. Él con su mano apoyada en la mía como lo hicimos en este mundo. Sé que me dirá: "Palinho, ¿vamos a los restaurantes y comemos como nos plazca? Aquí no nos morimos, Palinho".

Sé que, él, por ser el fanático número UNO de Orlando City (equipo de fútbol de la ciudad de Orlando, FL), me invitará a ver juntos el partido de Orlando City. Rafa me dirá: "Palinho, vamos a ver el partido del Orlando City, ¿vamos? ¡Aquí juegan como locos! " (Este es nuestro homenaje a nuestro glorioso equipo de fútbol de Orlando, Florida).

Entonces, cuando estemos juntos en la morada eterna, nos abrazaremos: Bruna y Camila, mis hijas, Gilson, mi yerno, Gabriel y Thomas, mis nietos, Lucinha, mi esposa y yo. Todos abrazados con Rafa (y un trillón de amigos más) viviremos la emoción permitida en la eternidad, juntos nuevamente. ¡Esta vez será para siempre!

Hasta que ese día se haga realidad, sigo aquí llorando por la falta que no se desvanece con el tiempo. De hecho, se alimenta a tiempo.

¿Quién sabe si tú, Señor, podrías hacernos como hiciste con el rey David?

"Hazme oír gozo y alegría, y se recrearán los huesos que has abatido.". Salmo 51:8

¿Por qué todo esto todavía duele tanto? Porque no fuimos creados para la muerte sino para la vida. La muerte es una agresión y al mismo tiempo un "efecto contraproducente". La muerte que nos ataca tratando de robarnos la vida se traiciona, se engaña. Porque ella, la muerte, solo sirve como el instrumento que nos lleva a la verdadera vida: LA VIDA ETERNA.

Qué maravilloso privilegio. Qué privilegio indescriptible nos dio el Señor cuando hizo nacer de nuestras entrañas a un ángel disfrazado de Rafael. Qué maravilloso privilegio. Qué privilegio indescriptible fue vivir en los caminos floridos llenos de música, de las risas y la sencillez de nuestro ángel hijo, de nuestro hijo ángel.

Ese ángel vivió en casa. Ahora, cambió su dirección. Fue a un lugar tan hermoso y tan grande que también hay lugar para nosotros.

Mi alma siempre ha anhelado que mi Salvador me llame por mi nombre. A partir de hoy, mi alma también anhela hasta con gemidos y dolores el día en que oiga de tu voz, Rafito: "Palinho, Palinho, Palinho". Entonces, tomarás mi mano una vez más y, una vez más, te la llevarás a la cara.

Si esta espera es solo de unos minutos, me parecerán miles de millones de años. Hoy te digo:

¡Hasta luego, hijo! Hasta luego, Rafito.
Palinho estará en casa en poco tiempo…, ya casi, ya casi.
¡Estoy llegando!
¡Entonces, nuestro abrazo será eterno!

POSFACIO

1. *¡¡¡HASTA LUEGO, HIJO!!! (20 de septiembre de 2017: cumpleaños de Rafa)*

Una vez me dijeron que Vinicius de Moraes, de sus tantos escritos, poemas, canciones y palabras encantadoras, también escribió un soneto de despedida. Fui a leerlo hoy y al observar sus palabras vertidas en la hoja donde registraba su dolor y desesperación, pensé: "Hoy es el cumpleaños de mi hijo Rafael, que en esta querida fecha cumple 32 años de existencia (sí , porque la muerte es solo para aquellos que no pueden creer en el Creador y Salvador), porque para nosotros, aquellos en quienes creemos, mi hijo está vivo, más vivo que nunca en su hogar eterno donde, por supuesto, está participando en un mega fiesta. Pensé en escribir mi "soneto": "Mi Escrito de Hasta Luego".

Mi Escrito de Hasta Luego

¡Hola hijo! Soy Palinho...
De repente la risa se convirtió en llanto, Cuando tu silencio se convirtió en mi grito, mi dolor y mi pavor ... El ruido

ensordecedor de tu silencio ha silenciado todos los demás sonidos de la ciudad, de cantantes y adoradores.

Y de tu mano, que ya no descansa sobre la mía, solo me queda el espanto.

¡Hasta luego, hijo!

De repente, la calma con la que te tomaron es un viento furioso en mi mente abatida, en mi corazón destrozado, en mis emociones, naufragando mi alegría ... para siempre. ¿Siempre será así?

¡Hasta luego, hijo!

Cuando tus ojos se cerraron, los míos fueron tomados por una densa niebla que aún confunde mis pasos.

Mis ojos antes felices al ver los tuyos, ahora, cegados sin la chispa de los tuyos, tropiezan con los desniveles del camino que me es impuesto.

¡Hasta luego, hijo!

Esa mañana, después de que tus gritos de auxilio pidiéndome que te salvara (y no pude, no pude, no pude) fueron sofocados por la llamada de gracia que te hizo cruzar las puertas de la eternidad, sólo me restó el dolor de la incompetencia paterna. Pero, no será así para siempre. No será así para siempre.

Yo no pude hacer (ya que solo soy un padre, solo un padre, y jamás "dios") lo que sólo Dios podía hacer, y Él no quiso.

Y de tu quietud surgió mi drama, mi suerte, mi destino seguro (o incierto), pero sin claridad ni alegría en el camino.

¡Hasta luego, hijo!

Me he convertido en el amante sin amor, el que alguna vez estuvo alegre, ahora sin hijo, triste.

Pero, no será así para siempre. No será así para siempre.

¡Hasta luego, hijo!

Siempre tan cerca y exigente de mí, ahora vives lejos, en una ciudad de la que no puedes volver ... Y será así para siempre. Será así para siempre.

La aventura que era vivir contigo es, ahora, sólo una mirada constante en las aburridas horas para ver si pasan más rápido y mi hasta luego pase pronto.

Pero, sé que de repente en un abrir y cerrar de ojos te volveré a ver. Esta vez será para siempre. ¡Será para siempre!

Ya no puedes llamarme más para preguntar: "¿Estás llegando, Palinho?" Sin embargo, mi corazón puede escuchar tu voz pidiendo mi llegada.

Te lo prometo hijo, ya estoy en camino, ya casi estoy a las puertas de tu nuevo condominio.

¡Estoy en camino, hijo! Pronto, pronto, estaré ahí, hijo. ¡Y será para siempre! "Palinho"

2. FALTA

¡Seis meses de extrañarte! Esta semana, en un antiguo castillo de las montañas de Sintra, mientras miraba el horizonte desde uno de los arcos del castillo, ¡la falta de ti se apoderó tanto de mi corazón! ¡¡¡Entonces, lloré en el papel y ... lo comparto con ... ustedes!!!

"Después de que te fuiste, mi mundo se convirtió en CASI:
Casi colorido,
Casi bonito, Casi agradable,
Casi interesante, Casi alegre,
Casi bueno de ser vivido;
Casi, casi, casi, pero ya no del todo.
A no ser, casi que TOTALMENTE:
Casi que totalmente no interesante,
Casi que totalmente sin sentido,
Casi que totalmente descolorido,
Casi que totalmente aburrido,
Casi que totalmente malo de ser vivido,
Casi que totalmente triste
Casi que totalmente sin ti, en cuanto a tus recuerdos yo TOTALMENTE:
Totalmente soy envuelto,
Totalmente soy consumido,
Totalmente me retuerzo,
Totalmente me alimento,
Totalmente me satisfago,
Totalmente deseo que vuelvas a mis brazos,
Pero, como sé absolutamente que no volverás a verme, ABSOLUTAMENTE sé:
Sé absolutamente que estás bien,
Sé absolutamente que eres feliz,

Sé absolutamente
que estás sano,
Sé absolutamente
que me esperas,
Sé absolutamente
que iré a ti y,
luego, contigo
ETERNAMENTE estaré, Contigo eternamente viviré,
Contigo eternamente me regocijaré,
Contigo eternamente estaré abrazado,
Contigo eternamente estaremos colmados de cariño, besos,
risas y abrazos, Entonces, ¡todo el "casi" habrá pasado y el
encuentro será un eterno presente!"

3. Bruna, mi hija, escribió este texto sobre Rafael:

Todavía me resulta muy extraño hablar de mi hermano en
tiempo pasado.

En parte porque me muero de miedo de dejarlo allí y en
parte porque una parte de mí todavía quiere creer que tal
vez todo fue un error y que él entrará por la puerta principal
solo que esta vez de verdad y no en sueños.

Cuando éramos pequeños, le gustaba tomar mis muñecas y
tirarlas del sofá. Le encantaba ver a las pobres caer al suelo,
y hacia eso durante horas. A veces, se rompían y yo corría a
pelear con él, lista para discutir. Sólo que él siempre frustraba
mis deseos. Nunca se peleaba conmigo; él esperaba a que
yo terminara mi discurso y luego simplemente decía "lo
siento". Y eso era todo.

Y siempre sería así si cualquier otra persona estuviera lo suficientemente loca como para discutir con él porque ninguna fibra, incluso la más pequeña de su cuerpo, tenía maldad o rencor.

Rafa fue el mejor de todos. Era el más divertido, más cariñoso, más cool y más original que nadie que conozcas, y lo siento por aquellos que no tuvieron la suerte de vivir con él.

Lo extrañamos todos los días en este vacío y este silencio que nos dejó. Te amo, Rafa, y cuento las horas para volver a abrazarte.
Tu Bruna.

4. Camila, mi otra hija también escribió un texto sobre Rafael:

"...larga vida te daré..."

En estos últimos seis meses he "habitado" en el libro de los Salmos, he leído y releído expresiones de dolor, alegría, frustración, esperanza pero, sobre todo, expresiones de alabanza.

¿Y de qué otra manera podría haber guardado tu imagen en mi memoria si no fuera a través de alabanzas? La honestidad de los salmistas me recuerda a tí, que siempre expresaste lo que sentías con tanta sencillez y se derramaba a los pies del Salvador.

Me he dado la total libertad de sentir los mismos sentimientos que sentían los salmistas, sin reservas ni vergüenza, pero haciendo lo que mejor sabías: vivir plenamente

experimentando los dolores y la alegría de esta vida con la mirada hacia arriba.

Confieso que todavía no entiendo todo lo que Dios ha hecho y hace. A veces, me vienen a la mente otros salmos, especialmente en los días en que mis pensamientos están demasiado confusos para reordenarlos. "Hazme entender el camino de tus mandamientos, para que medite en tus maravillas". (Salmo 119: 27), "Bienaventurado el hombre que tiene en ti sus fuerzas, en cuyo corazón están tus caminos. Atravesando el valle de lágrimas lo cambian en fuente, cuando la lluvia llena los estanques. " (Salmo 84: 5-6).

A pesar de no entenderlo, hay una profunda convicción dentro de mí de que, como todo sobre ti, esto también será grandioso y magnífico. Y me encantaría que estuvieras aquí para celebrar todo lo que hará el Señor.

Pero, Dios ha elegido revelarte su gloria en su totalidad y, a nosotros, por ahora, solamente algunos destellos.

Ahora me queda vivir y ser testigo de lo que está por venir. Amar a los que tanto te amaron y con ellos llevar tu recuerdo para siempre.

Larga vida, hermano mío, aunque sólo sea en nuestras memorias y recuerdos. Larga vida, hasta que finalmente disfrutemos juntos de la vida eterna.

Camila o: "Fifia", como me llamabas.

5. LÁGRIMAS EN EL CIELO

"Lágrimas en el cielo". Es una de las canciones más personales de Clapton, coescrita con Will Jennings, sobre el intenso dolor que sintió después de la muerte de su hijo Conor, de cuatro años. El bebé se cayó por una ventana del piso 53 de un apartamento en la ciudad de Nueva York.

¿Sabrías mi nombre?
¿Si te veo en el cielo?
¿Sería lo mismo,
Si te veo en el cielo?
Tengo que ser fuerte y seguir adelante Porque sé que no pertenezco aquí en el cielo
¿Si te veo en el cielo, Sostendrías mi mano?
¿Me ayudarías a permanecer en pie, Si te veo en el cielo?
Voy a encontrar mi camino a través del día y la noche Porque sé que no puedo permanecer aquí en el cielo.

Eric creía que el cielo no era su hogar eterno. El dolor inimaginable de la pérdida de

un hijo, de ser un hombre sin hijo, agravado por la "certeza" (o el miedo) de saber que no perteneces al cielo. Lo que lo condenaría a vivir eternamente separado de su hijo. ¡Dolor eterno!

Mi dolor es temporal, ya que mi Salvador, por su gracia (sólo esto y nada más, nada en mí, porque no hay nada bueno ni aceptable en mí), me garantiza el reencuentro eterno con mi hijo. Entonces, ya no seré, nunca más seré, un hombre sin hijo.

SOBRE EL AUTOR

Nivaldo Nassiff nació en São Paulo, SP - Brasil, el 9 de diciembre de 1955. Está casado con Carmen Lucia Nassiff desde el 11 de octubre de 1980 con quien tiene tres hijos: Camila García Nassiff - 21 de diciembre de 1981, Rafael García Nassiff - 20 Septiembre de 1985- se mudó para el cielo el 2 de mayo de 2017- y Bruna García Nassiff: 17 de abril de 1989.

Tiene un doctorado en Consejería Clínica Cristiana, una Maestría en Consejería Clínica Cristiana y un Bachillerato en Consejería Clínica Cristiana de la Florida Christian University; obtuvo el Bachillerato en Teología de la Facultad Teológica Bautista de Perdizes / San Paulo.

Es un pastor bautista vinculado a la Ordem dos Pastores Batistas do Brasil da Convenção Batista Brasileira (Orden de Pastores Bautistas de Brasil de la Convención Bautista Brasileña). Fundó la Primera Iglesia Bautista del Parque San Rafael - San Paulo. Fue Pastor de la Iglesia Bautista de Villa Prudente - San Paulo. Comenzó el Ministerio de la CENA - Comunidad Evangélica Nueva Aurora - que trabaja con drogadictos, prostitutas, personas sin hogar, alcohólicos, prisioneros y otros. Fundó una nueva iglesia en la ciudad de Florida, Uruguay, en el período 1989-1991. Fue pastor asociado en la Primera Iglesia Bautista de Curitiba. También fue pastor principal de la Primera Iglesia Bautista Brasileña de Greater Boston entre enero de 2002 a junio de 2010 y pastor principal de Global Village Church entre julio de 2010 a octubre de 2012. Fue pastor asociado de la Primera Iglesia Bautista Hispana de Greater Boston entre 2004 a 2010. Fue pastor asociado de la First Baptist Church of Orlando- Ministerio Brasileño entre 2013 a 2019. Desde 2019, es Pastor Principal en la DNA Church.

En abril de 2000 - 2002, representó a América Latina en la misión SIM - Sociedade Internacional de Missões (Sociedad Misionera Internacional) y también INTERSERV, una agencia especializada en la integración de profesionales en comunidades pobres de todo el mundo. En Brasil, esta institución se llama "Parcerias Internacionais Latino-Americanas - ALPS".

Escribió los libros "Aprendiendo a evangelizar con Jesucristo"; "Rafa: UN ÁNGEL QUE HABITÓ EN MI CASA" en portugués, inglés, italiano y español y "Los niños especiales generan padres especiales".

Profesor asociado de "Hechos 1: 8 en acción"- Cursos de misiones interculturales en iglesias locales en Brasil y América Latina. Profesor / Supervisor de Capellanía Clínica Hospitalaria por ACCC - Asociación de Capellanes Cristianos Certificados.

El pastor Nassiff nació en Brasil, pero se convirtió en ciudadano naturalizado de los Estados Unidos; ha vivido en los Estados Unidos durante muchos años.

Conferencista brasileño en asuntos de familia, especialista en educación financiera y desarrollo humano.

142

Made in the USA
Middletown, DE
05 November 2021